正向性格修煉術

快把怕麻煩的習慣改掉！

名越康文 編著

新雅文化事業有限公司
www.sunya.com.hk

當大家拿起這本書的時候，
究竟是抱着什麼想法的呢？
看看這本書吧！
很有趣啊！
給你看看啦！

麻煩書店
隆重登場
現正發售！
聽說這本書很好看啊！
好像很有趣啊！
這裏有4位小朋友，他們都在不同的情況下得到這本書。

沒耐性阿健

活潑的男孩子，對任何事物都抱有興趣，但做事不能堅持到底，很快會感到厭煩。

咦，怎麼了？大家好像都沒有好好看書呢。

已經不想繼續看了。
一定要讀下去啊！

沒幹勁小愛

這個女孩子無論做什麼事，開始時總是提不起勁，但一旦決定要做，就要做得很完美。

沒自信小潔

沒有自信又害羞的女孩子，但其實她很關心朋友，對人很友善。

如果你仔細地看看，就會發現有一隻懶洋洋的精靈壓在大家身上，他叫「慢吞吞先生」。

這麼漂亮的書，真的可以給我看嗎？
是不是真的有用啊？

愛拖延烈仔

聰明又擅長運動的男孩子，但他總愛說這個說那個，把事情拖到最後才做。

嘩，慢吞吞先生漸漸變大了！

慢吞吞先生住在每個人的心裏，當我們有「很麻煩啊」的想法時，他就會出現。我們越是感到麻煩，慢吞吞先生就會變得越來越巨大和沉重。

你是不是也感受過慢吞吞先生的重量呢？

在這本書裏，大家會學習到跟慢吞吞先生相處的方法——不是強行讓他消失，而是請他讓開一點點或縮小的秘訣。

讓我們開始吧！

編者的話

「啊！真麻煩呢。雖然知道這件事一定要做，但是……」

正在讀這本書的各位，是不是也有過這種經驗？說不定父母或老師曾經對你們大嚷：「快點做吧！」你們可能會想：自己也不喜歡怕麻煩這種性格，卻不知道該怎麼辦，感到很困擾。於是，你們決定打開這本書看看。

我想向有這種想法的你們傳遞一個信息——怕麻煩並不代表特別懶惰。不論是大人還是小朋友，大家天生都會怕麻煩，這是非常切身的感受。其實我每天都會經歷怕麻煩的時刻，相信你們的父母和老師也一樣呢。

如果以駕車比喻「怕麻煩」，那就好比你踏上「一定要做」的油門時，卻不由自主地踏在「不想做」的剎車器上。雖然怕麻煩的人看似很懶惰，但其實大家的內心都存在着「一定要做」的心情。

這本書將會介紹很多不同的方法，讓大家重新踏上油門。跟我一起學習吧！只要我們深入了解「怕麻煩」是怎麼一回事，自然就能明白怎樣跟它相處的了。

名越康文

目錄

序幕……2
編者的話……10

第1章 了解怕麻煩的秘密

怕麻煩的人是怎樣的？……18
不同的人，有不同形式的怕麻煩……22
人人都會怕麻煩……26
為什麼人會怕麻煩？……28
跟怕麻煩做朋友……32

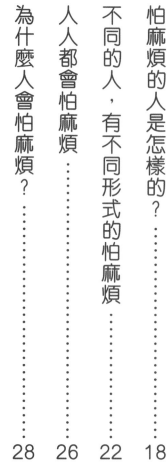

第2章　探究怕麻煩的面貌

如果一直都怕麻煩……38
大家想成為怎樣的大人？……42
理解自己的怕麻煩模式……46
「怕麻煩」住在身體裏……52
找出怕麻煩的根源……54
發掘自己的優點……60
看見真正的自己……66

第3章　成為坐言起行和堅持到底的人

動動腦筋，坐言起行，堅持到底……70

詳細劃分要做的事情 …… 72

製作清單，列出要做的事情 …… 78

讓心靈休息的方法 …… 82

為不想做的事情加添樂趣 …… 86

好好睡覺，讓身體休息 …… 88

與其做到最好，不如持之以恒 …… 92

善待未來的自己 …… 96

第4章 得到別人支持，一定可以成為更好的自己！

讓朋友參與其中！ …… 100

尋找學習榜樣 …… 102

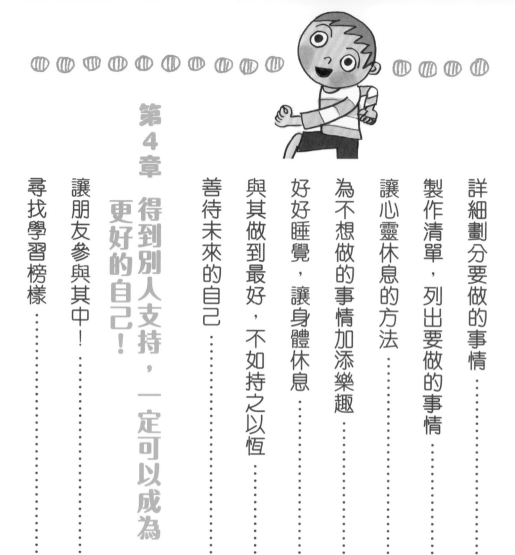

利用計時器來集中精神……106
發表行動宣言！……108
整理眼前的事物……110
準備材料和用品……112
嘗試坦白地說不……114
利用自己的性格吸引朋友……116
結語……118
後記……126

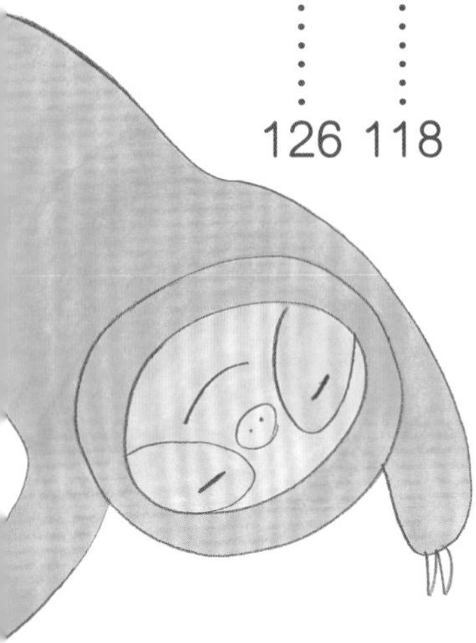

第1章
了解怕麻煩的秘密

「我不是一個怕麻煩的人！」

即使你有這樣的想法，「怕麻煩」可能已經藏在你心裏了。為什麼？因為任誰都會怕麻煩的。讓我們先了解一下大家的「怕麻煩」是怎麼一回事吧！

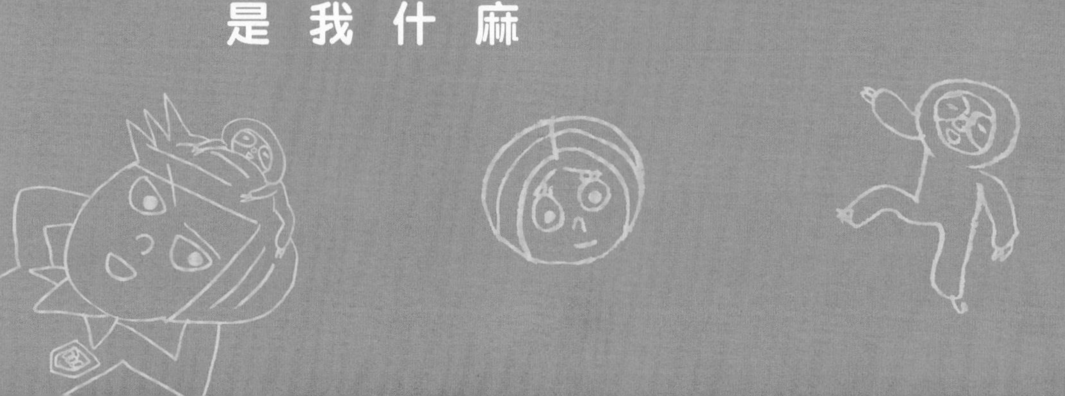

怕麻煩的人是怎樣的？

你是一個怕麻煩的人嗎？

「我才不是！」

「我不是一個怕麻煩的人啊！」

那麼你認為怕麻煩的人，到底是怎樣的人呢？

每天不洗澡、不刷牙，骯髒程度超乎世間想像的人嗎？又或者是每天早上都不願離開被窩，只希望整天躺在牀上滾來滾去的人嗎？

洗澡很麻煩！
不想離開被窩啊，真麻煩！

知道應該要馬上行動，卻沒有着手去做——這是一個怕麻煩的人吧。雖然說了「遲一點再做吧」，但過了很久依然沒去做，結果要做的事情就慢慢增加了。

還有，有些人總覺得行動太麻煩了，甚至可能連回家也覺得麻煩，所以晚上在公園裏流連。

那麼麻煩的事情，
遲一點再做吧……
洗澡

我想，你應該不是怕麻煩怕到這種程度的人吧！

不同的人，有不同形式的怕麻煩

小潔，義賣活動的海報設計就交給你了。
真麻煩啊……

怕麻煩的習慣在我們身邊隨處可見，我們一起看看學校裏的情況吧。

集訓什麼的，真麻煩。

聽別人說話，真麻煩！

在同一所學校、同一段時間，已經有很多怕麻煩的情況出現。而且，對什麼事情感到麻煩，每個人都不一樣。

這些就是令4位小朋友苦惱的麻煩事了。如果可以的話，大家都希望改掉怕麻煩的習慣，但卻不太容易，為什麼呢？

人人都會怕麻煩

請你想想今天發生的事情，
有沒有出現怕麻煩的情況呢？
不只是你，你的家人、朋

友、老師，多少都會有怕麻煩的想法。沒錯，每個人都會怕麻煩，這是很平常的。

為什麼人會怕麻煩？

為什麼人會有怕麻煩的想法呢？到底感到麻煩之前，人們在思考什麼呢？

這4位小朋友在學校產生了怕麻煩的想法，他們的內心是怎麼想的？大家一起來看看吧。

擅長運動的烈仔

愛拖延烈仔很有自信，相信自己只要想做就一定能做到。不過，這份自信與怕麻煩相連。

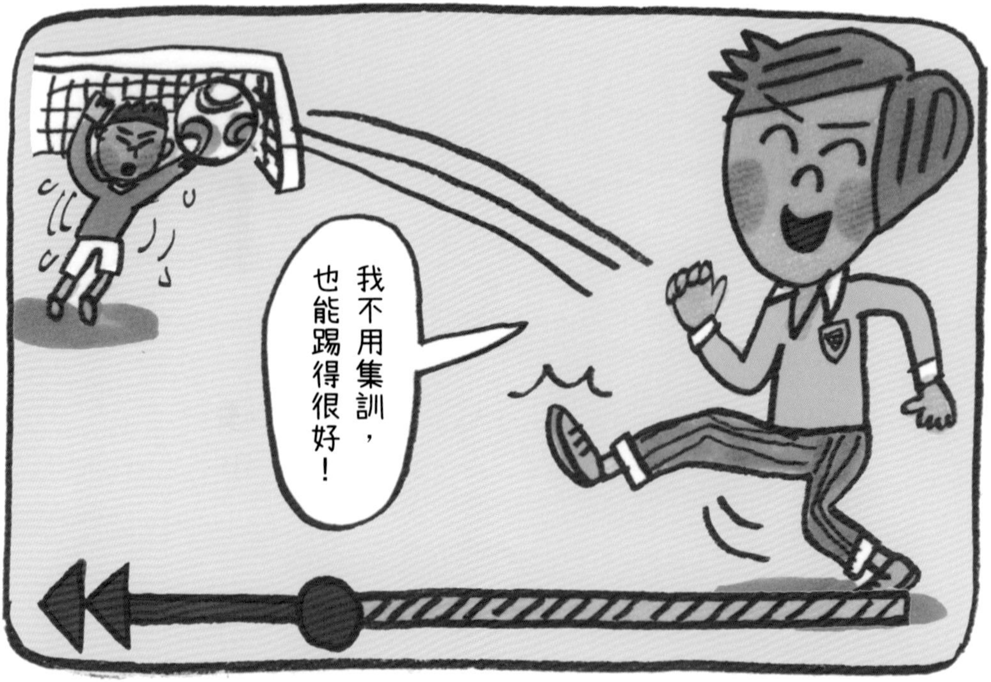

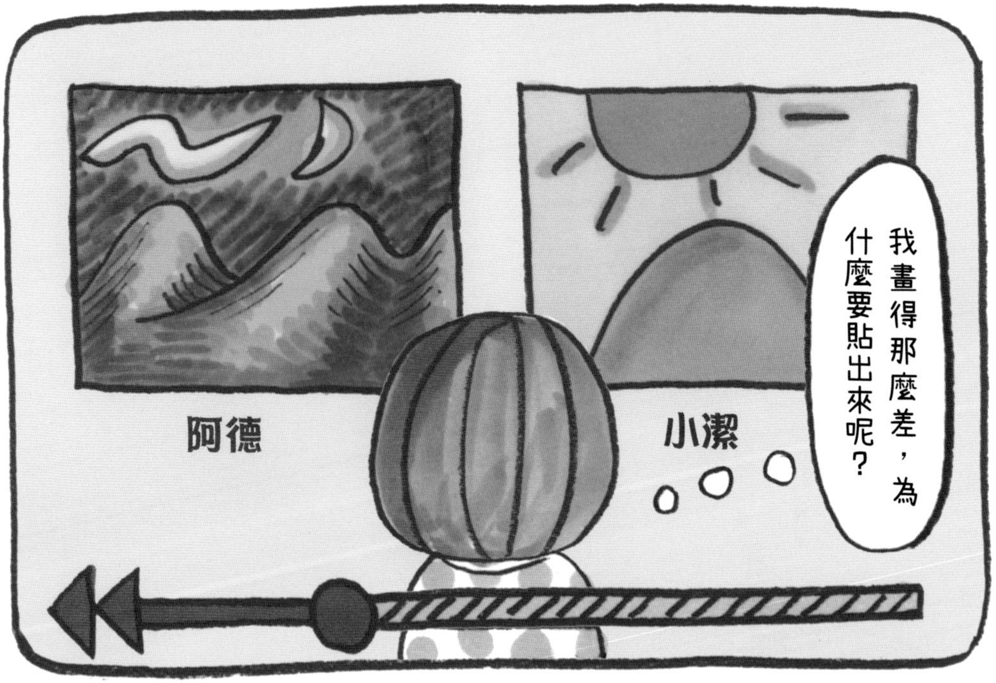

欠缺信心的小潔

沒自信小潔不擅長畫畫，覺得其他人比自己畫得好。她不想在人們面前獻醜，所以覺得畫畫很麻煩。

擅長與否，都會感到怕麻煩

各人怕麻煩的原因都不同，有人因為事情是自己擅長的，所以覺得麻煩；也有人因為事情是自己不擅長的，所以覺得麻煩。

認真的人也會怕麻煩

有人認為沒有耐性的小朋友才會有怕麻煩的習慣，這是不對的。追求完美的小朋友也會怕麻煩，只是他們自己未必察覺到。

很快感厭倦的阿健

沒耐性阿健很想快點說出自己的意見，所以他沒耐性聆聽別人的說話。

完美主義的小愛

沒幹勁小愛為了在筆記本上寫下漂亮的字，於是改了又改，結果覺得寫筆記很麻煩。

看過各人的情況後，大家應該會明白，怕麻煩其實跟一個人的性格和思想有密切關係。每個人都有不同的思路。

因此，我們必須先弄清楚自己的想法，找出怕麻煩的根源，這樣才能跟怕麻煩做朋友啊。

跟怕麻煩做朋友

怕麻煩是很自然的，但若是被這種想法控制住，會變成怎樣呢？如果因為怕麻煩而不去練習，擅長踢足球的人可能會踢得不好；如果不聆聽朋友的說話，只想朋友聆聽自己，那麼朋友都會疏遠你。

怕麻煩會遮蓋你的優點，但怕麻煩是不會消失的，所以我們一起跟它做朋友吧！只要在遮蓋你的優點之前，跟它成為拍檔，這樣就可以更加發揮你的優點了。

怕麻煩成就更方便的生活！

如果能好好運用怕麻煩的想法，或許會變得很有用呢。

例如有人覺得乘船過河很麻煩，於是想到建築橋樑來代替乘船，這不但可以幫助自己，還可以幫助很多人。此外，就是因為有人覺得走到電視機和冷氣機前按開關很麻煩，所以才發明了遙控器；也因為有人覺得烹調食物很麻煩，所以發明了高溫蒸煮袋裝食品。

原來很多人的「怕麻煩」，都對世界起了很大的作用呢。

第2章

探究怕麻煩的面貌

為什麼人會有怕麻煩的感覺？

怕麻煩的念頭如何在心裏產生，每個人都不一樣。

在這一章，我們來探討怕麻煩是怎樣產生吧。

如果一直都怕麻煩

在同一個時間，抱住同一個心情，去做同一件事情，有人會妥當地完成，有人會中途放棄，亦有人會草率完成。

其實，能夠妥當完成的人可能也會感到麻煩，但他們知道與怕麻煩做朋友的秘訣，因此能夠繼續耐心地去做事情，結果取得很大的成就。

暑期作業的其中一項是專題研習，阿健和德仔都訂立了相同的目標。

10年後
隨着時間的流逝，兩人的差距越來越大。
這成果是靠長期努力而得的。
這是世上首次發現的呢！
1個月後
阿健
德仔
中途放棄的阿健和努力完成研究的德仔，他們的作品就有很大分別。

改變現在的話，未來也可以改變！

如果不懂得與怕麻煩相處的秘訣，繼續逃避麻煩，到底將來會變成一個怎樣的大人呢？試想像一下吧，自己可能會變成一個平庸的人。

覺得練習鋼琴很麻煩的沒幹勁小愛，就會無法實現成為鋼琴家的夢想。

愛拖延烈仔總是藉口多多，所有事情都推遲去做，結果人人都不再相信他了。

不敢表達自己意見的沒自信小潔，將來會不會成為一位孤獨的老婆婆呢？

如果你做事堅持到底，必定能帶給你一點自信，知道自己能做得到。這一點自信又會帶來下一次加倍努力的能量。這樣重複的話，就能培養出更大的信心。

所以，嘗試改變現在吧，未來一定會變得更好的！

大家想成為怎樣的大人？

一定要多學不同國家的語言呢。
你好嗎？
КАК ВЫ?
你好。
ПРИВЕТ ТАМ

如果夢想可以成真，過程中又沒有麻煩，你想成為一個怎樣的大人呢？試想像自己的理想模樣吧！

沒幹勁小愛在腦海中想像出遇見世界各地的人和遊覽不同城市的情景。

未來的自己想在什麼地方生活？如果大家透過顏色、氣味、聲音等來想像，就會發現自己越來越有衝勁呢！

「這樣的成績怎可能達成夢想呢？」「一定要很努力才能達成夢想吧。」……你可能會擔心很多，但請先放下這些憂慮，盡情地想像一下吧！

怕麻煩是怎樣的一回事？

如果你不再「怕麻煩」，你的發展空間就會變得無限大，可以開展一個燦爛的未來呢！

在實現燦爛的未來之前，有哪些事情令你覺得很麻煩呢？請你想一想，然後寫在紙上。盡量具體地描寫，這樣你就會發現有些事情現在就可以着手做。

沒幹勁小愛為了成為自己理想中的大人，計劃學習不同的事物。

麻煩的事情

- 學習英文
  - 牢記英文單詞
  - 學習英語會話
- 學習英語以外的語言
- 儲蓄將來用於旅行的金錢
- 搜集不同國家的歷史及文化等資料

就從每天牢記一個英文單詞開始吧！

理解自己的怕麻煩模式

分拆班長的工作！
不麻煩
收集功課
派發通告
陪同學到醫療室
提醒同學寫手冊

每個人怕麻煩的事情都不一樣。這是因為各人的性格、想法不同，所以怕麻煩的根源都不一樣。

以下有3個提示，你可以嘗試尋找自己的怕麻煩模式。

提示 ❶

分拆怕麻煩的事情

試試把怕麻煩的事情分拆成一件一件的小事。例如覺得當班長很麻煩，就把班長要做的事情分拆成「維持班上秩序」、「帶領敬禮」、「收集功課」等等。然後在這一件一件的小事裏，找出哪些令你覺得麻煩。你可能會發現，原來只有很少事情是你覺得麻煩的。

原來沒自信小潔不喜歡維持班上秩序及帶領敬禮，這樣令她覺得當班長很麻煩。

愛拖延烈仔在尋寶前已經擔心將要面對的事，所以覺得尋寶很麻煩。

提示 ❷

留意感到麻煩的時刻

何時會覺得麻煩呢？每個人都不一樣。有人在事前已覺得麻煩，有人在事後覺得麻煩。那麼你是在什麼時候感到麻煩呢？

沒耐性阿健其實很快就會找到寶藏，但這時候他覺得麻煩，結果放棄了。
終點
相比尋找寶藏，還有其他更有趣的玩意呢！

雖然知道媽媽和老師的期望……
很想愉快地跳芭蕾舞！
震騰騰

提示 ❸

分辨自己想做的事和別人想自己做的事

有時候，我們希望滿足重要的人和喜歡的人的期望，這是很自然的。但是，分辨自己想做的事和別人想自己做的事也很重要。如果你混淆了兩者，就會難以控制怕麻煩的想法。

媽媽希望你成為第一名！
老師希望你沒有失誤，跳得完美。
咚

為了滿足媽媽和老師的期望，沒幹勁小愛開始學習很多東西。

怎麼樣？你知道自己的怕麻煩模式了嗎？你可以參考這3個提示，再想想讓你覺得麻煩的事情，從而找出自己的模式。

「怕麻煩」住在身體裏

慢吞吞先生不在別的地方，而是與自己的身體緊貼在一起。愛拖延烈仔有沒有察覺到呢？

大家發現到嗎？怕麻煩而想逃避的時候，可能會說出「負責的事情太多了」、「某某同學幫忙一下就好了」這樣的話。我們總是想把責任推在別人身上。但是，怕麻煩的出現，源於自己的想法和理解方式，換言之問題出在自己身上呢。

沒有人能控制你的怕麻煩，只有你自己才可以控制。

找出怕麻煩的根源

在別人面前表達
意見時感到麻煩

「原來自己在事情開始之前，已經覺得很麻煩。」

「原來聽到別人對自己的期望，就很容易覺得麻煩。」

知道自己屬於哪種模式後，就可以輕易找出怕麻煩的根源！這些模式是從自己的性格、想法而產生的，你的怕麻煩根源是什麼呢？

不想成為領袖
逃避要負責任的事情

沒自信小潔的怕麻煩根源——沒有信心而產生顧慮

沒自信小潔害怕在別人面前表達自己，又不想成為領袖。如果她明白這一點，就會察覺到自己的怕麻煩來自過分謹慎的性格。

在意周圍的目光
對自己沒有信心
害怕引人注目

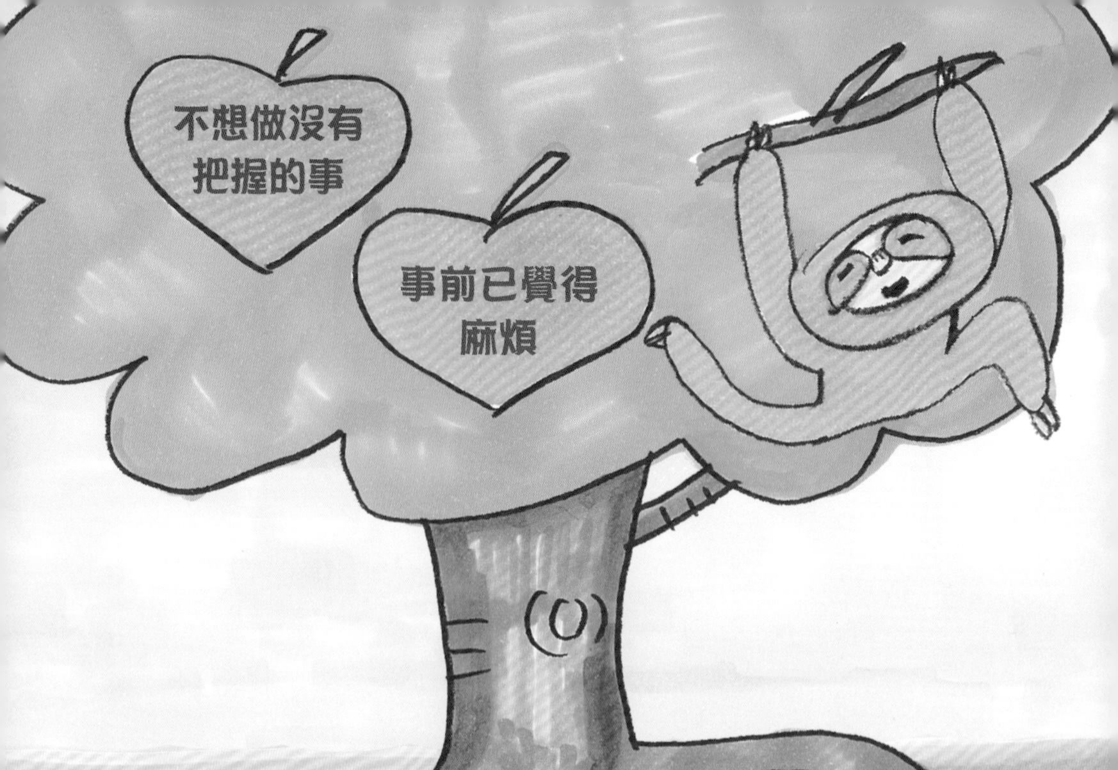
不想做沒有把握的事
事前已覺得麻煩
做事要有效率
討厭失敗
過分擔心將來發生的事

愛拖延烈仔的怕麻煩根源——什麼事都拖到最後才做

愛拖延烈仔在做事之前已經覺得麻煩，最後什麼都沒有完成。「怎樣做才有效率呢？」「失敗就會很丟臉。」這些想法就是他的怕麻煩根源。

沒耐性阿健的怕麻煩根源——好奇心滿滿！

做事比任何人都要快開始，但卻不能堅持到底，這就是沒耐性阿健的模式。從他的怕麻煩根源可見，他常常有「想做很多事情」、「想做新奇的事情」的想法。

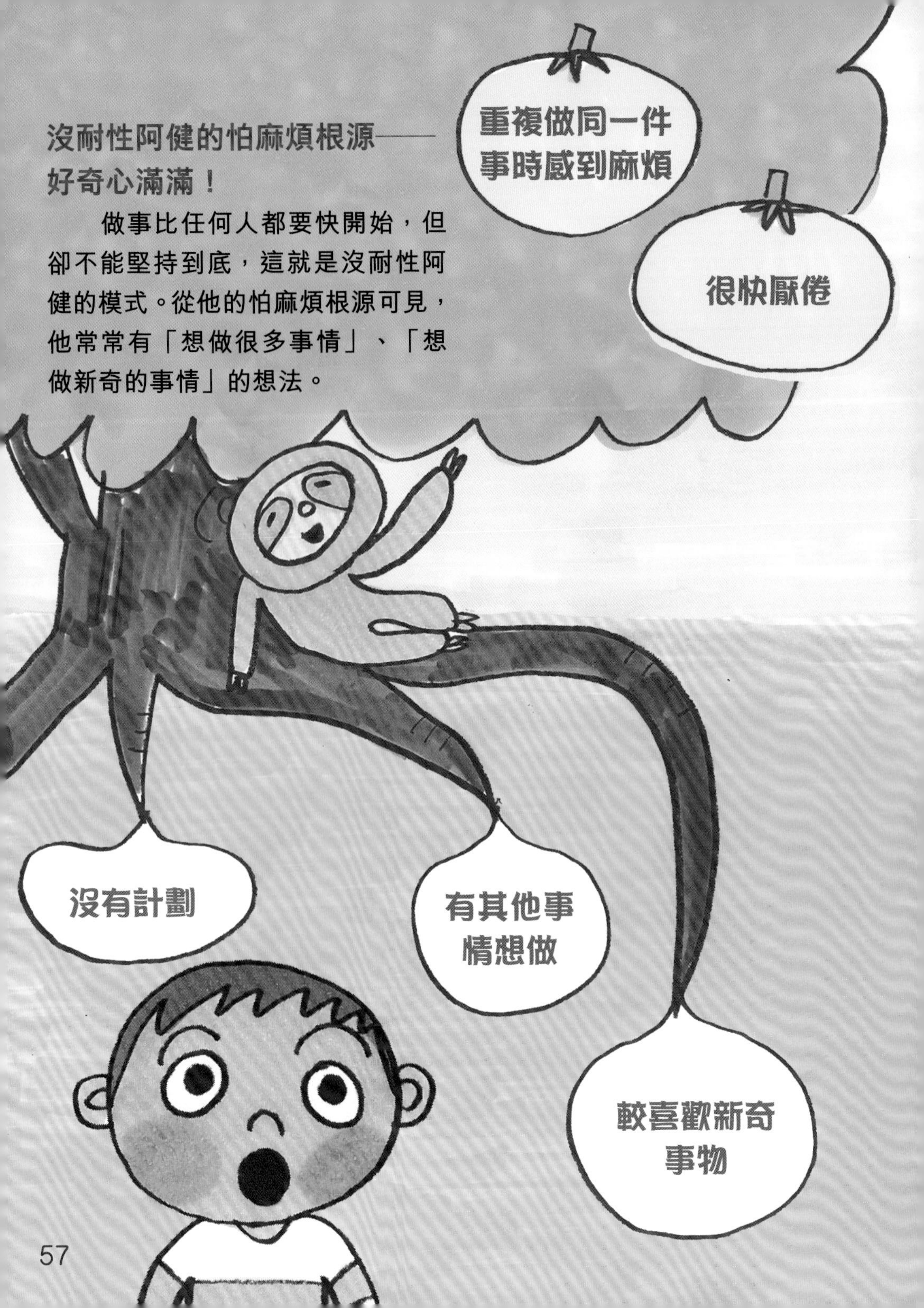
重複做同一件事時感到麻煩
很快厭倦
沒有計劃
有其他事情想做
較喜歡新奇事物

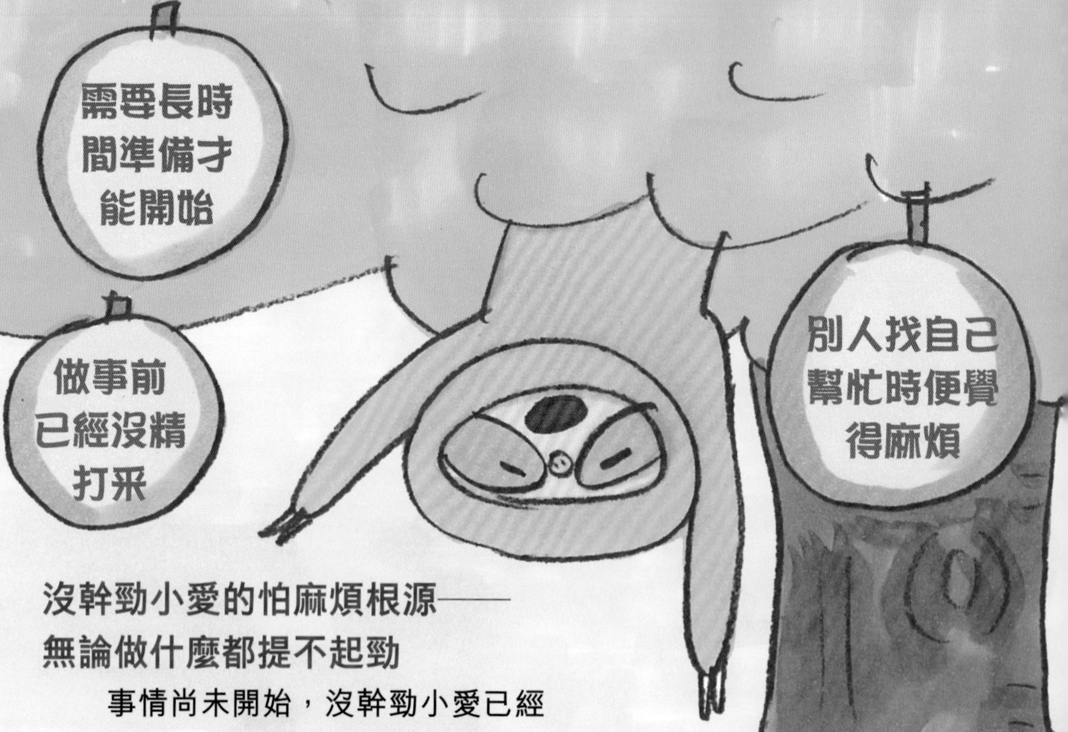
需要長時間準備才能開始
做事前已經沒精打采
別人找自己幫忙時便覺得麻煩

沒幹勁小愛的怕麻煩根源——無論做什麼都提不起勁

事情尚未開始，沒幹勁小愛已經提不起勁。「把每件事做到最好」、「一定要努力做」，這種認真的性格就是她的怕麻煩根源。

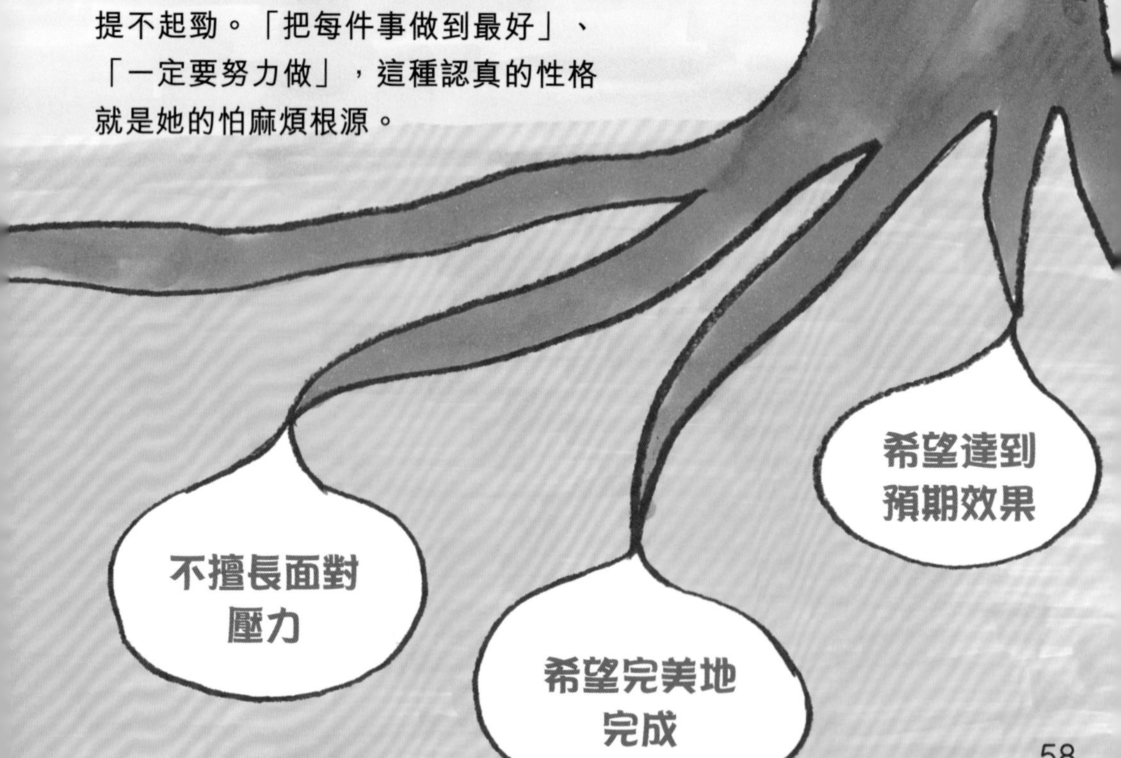
希望達到預期效果
不擅長面對壓力
希望完美地完成

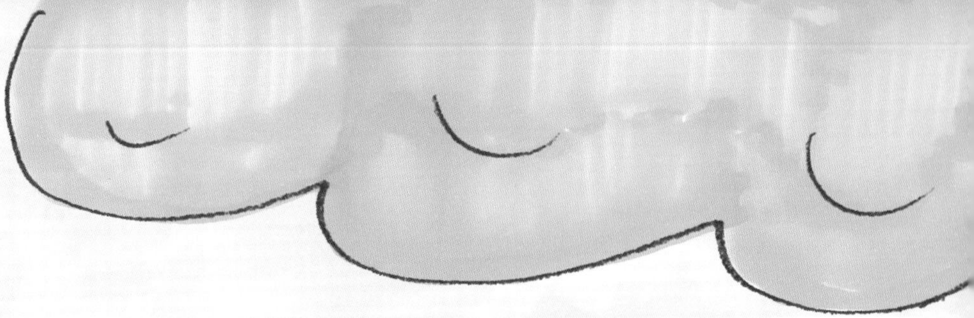

造成怕麻煩的性格或想法，不完全是壞的，這些都代表每個人的特質和個性，因此沒有必要強迫自己作出改變或修正。

重要的是，先了解真實的自己，這樣才能控制怕麻煩的習慣。

我之前都不知道怕麻煩是跟這種性格有關的！

發掘自己的優點

有些特質是怕麻煩的根源，但同時也造就了獨特的你。你不應該因為這些特質造成怕麻煩而捨棄它們；相反，你要理解如何讓它們成為優點。方法很簡單，來嘗試一下吧！

雖然沒自信小潔缺乏主見和凡事擔心，但她對朋友非常友善，這就是她的優點。

發掘優點的方法

1 預備筆和紙。

2 寫出造成怕麻煩的性格和想法。

3 嘗試用另一些詞語表達上面列出的性格和想法。

4 不斷轉換說法，直至找到優點。

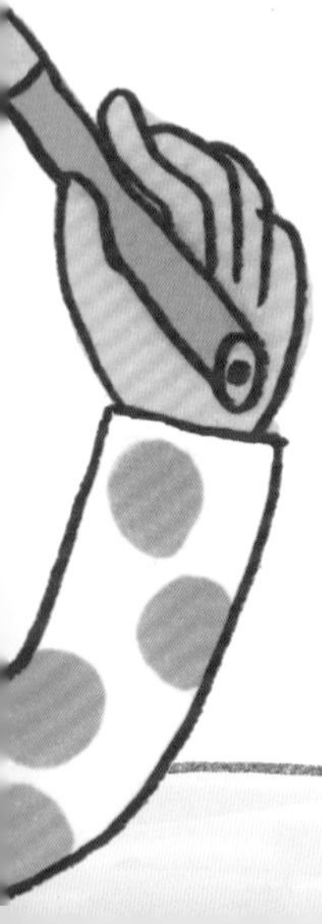

沒自信小潔的優點

缺乏信心

↓

不擅長表達自己的意見

↓

善於聆聽別人的意見

在意別人的想法

↓

細心觀察別人

↓

善於察覺朋友的優點

不喜歡引人注目

↓

謹慎

↓

善於協調

能夠跟大家做好朋友，這就是我的優點！

愛拖延烈仔的優點

如果能好好利用事前過分考慮的性格，愛拖延烈仔可以變得更優秀呢。

- 過分擔心未來的事

↓

一邊做、一邊修正，減少失敗的機會

↓

善於想出最好的方法

- 做事要有效率

↓

定好計劃後，就不會做無謂的事

- 失敗的話會覺得很丟臉

↓

能夠猜想別人的看法

↓

能夠冷靜地作出分析

做每件事之前，先預計會發生什麼情況，並且定好計劃，這就是我的優點！

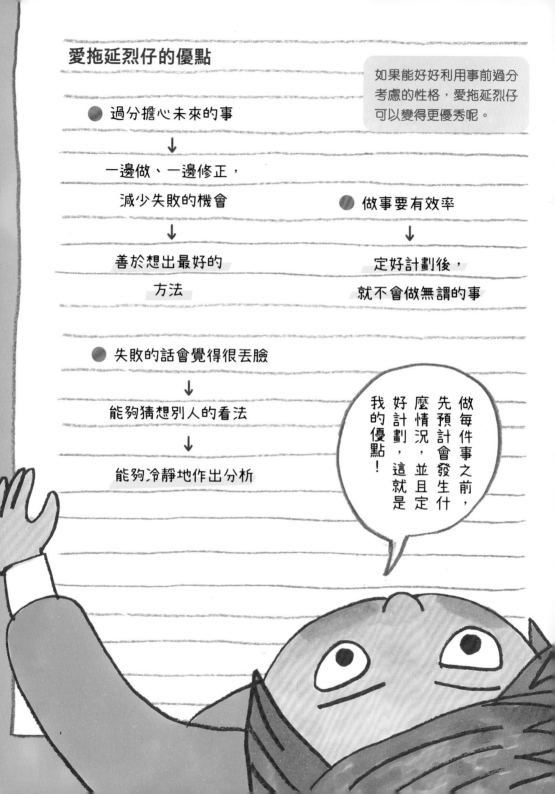

沒耐性阿健的優點

雖然沒耐性阿健很難堅持到底，但是他的好奇心比別人多一倍！他亦敢於挑戰新事物，這也是他的優點。

● 沒有計劃

↓

未計劃好已經開始行動

↓

坐言起行

● 還有其他事情想做

↓

不斷想出希望去做的事

↓

好奇心旺盛

● 喜歡新事物

↓

無懼失敗，繼續接受挑戰

沒幹勁小愛的優點

● 不善於面對壓力

↓

容易感到有壓力

↓

有責任感

● 想做得完美

↓

每件事情都用心
做到最後

↓

完成率很高

● 希望自己能符合別人的期望

↓

能夠猜想別人期望
自己會做的事

↓

容易令對方放心

雖然沒幹勁小愛在行動前需要花很多時間，但一旦開始的話，會比任何人更努力去做，所以朋友都很信任她。

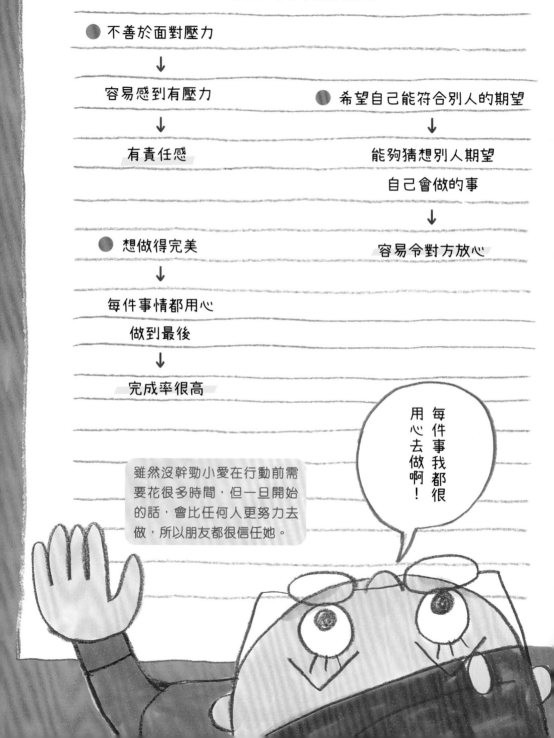

大家都已經找到自己的優點吧！對於實現夢想和增進朋友之間的關係，你的優點是強大的推動力呢。你越能夠運用這些優點，就越能夠進一步成長。

所以，請控制怕麻煩的習慣，發揮你的獨特優點吧！

看見真正的自己

真正的自己擁有怕麻煩的一面，也擁有其他人沒有的魅力和優點。所以真正的自己是擁有這兩方面的，大家要記得啊。

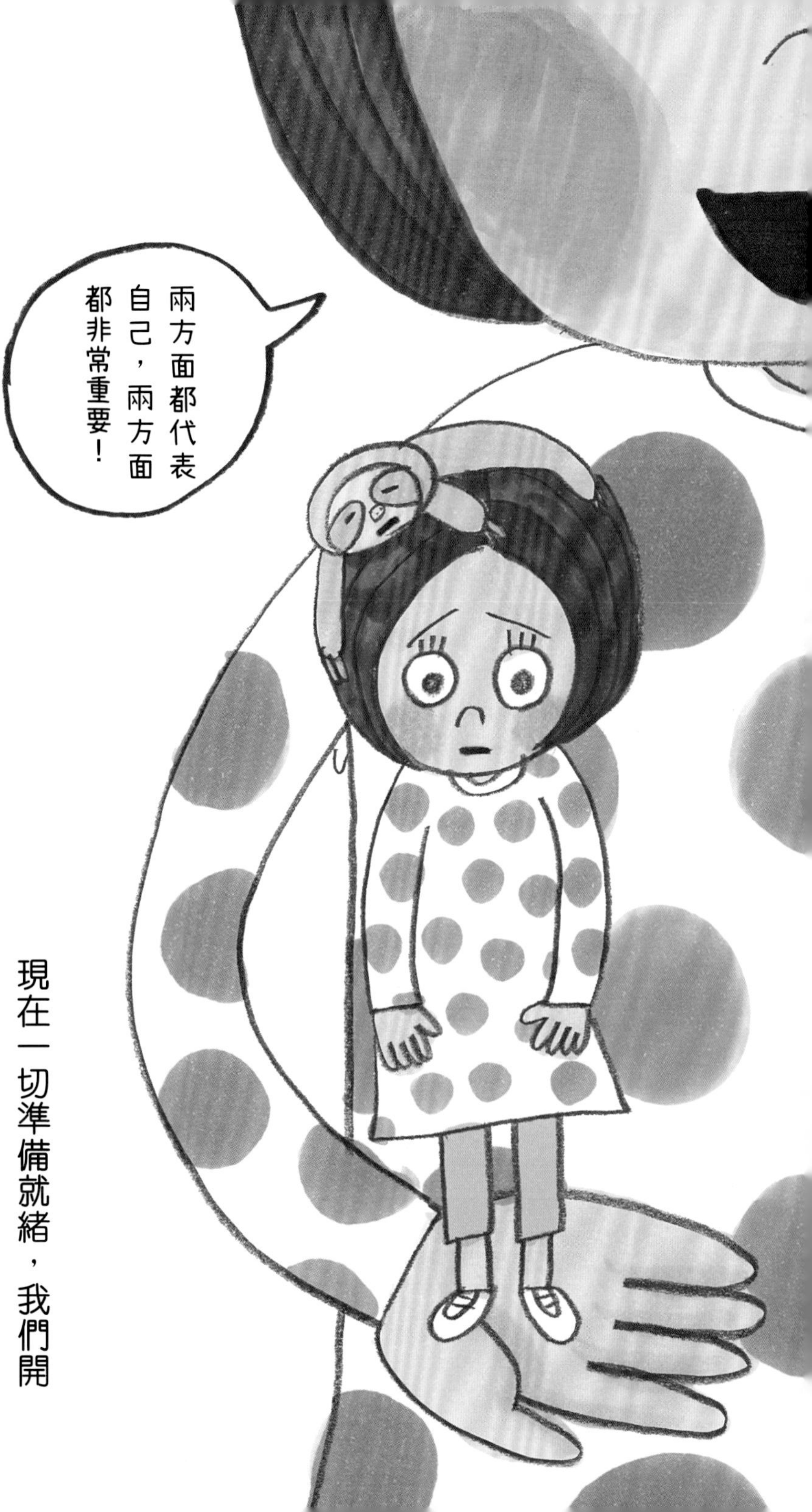
兩方面都代表自己，兩方面都非常重要！

現在一切準備就緒，我們開始學習跟怕麻煩相處的方法吧！

這一章會介紹跟怕麻煩好好相處的方法。適合自己的方法，每個人都不一樣。請花一點工夫，一邊嘗試，一邊找出適合自己的方法吧。

第3章

成為坐言起行和堅持到底的人

動動腦筋，坐言起行，堅持到底

開始感到麻煩的時候，到底該怎麼辦？憑着頑強的意志堅持下去嗎？不過自己沒有信心做得到……那麼靠努力和堅忍吧！似乎也不可以……真的很難呢。

要控制我身上的慢吞吞先生，應該按哪一個鍵呢？

每個人都有一套適合自己的方法。透過不斷嘗試，就能找出合用的方法。

其實，跟怕麻煩相處可以很簡單！只要行動時多動腦筋，改變自己的想法就行了，真的只需要這樣便可以啊。

掌握秘訣後，你一定可以發揮自己的個性，成為一個坐言起行、堅持到底的人！

詳細劃分要做的事情

沒幹勁小愛還未開始寫閱讀報告，她嘗試把這件事分為好幾個步驟。

挑選圖書最容易，馬上就可以做到呢！
選擇自己喜歡的書

踏出第一步最花力量。所以，就算不太順利，只要能夠踏出第一步，已經是向着成功邁進了！

雖然想着「一定要做」，但總是提不起勁開始，最後什麼都沒有做到——這不是常有的事嗎？如果你也是這樣，那麼「一定要做」這句話對你來說可能太沉重了。

不如把「一定要做」的事情分為小步驟，第一步做些簡單的事，這樣就可以讓自己輕鬆地開始。

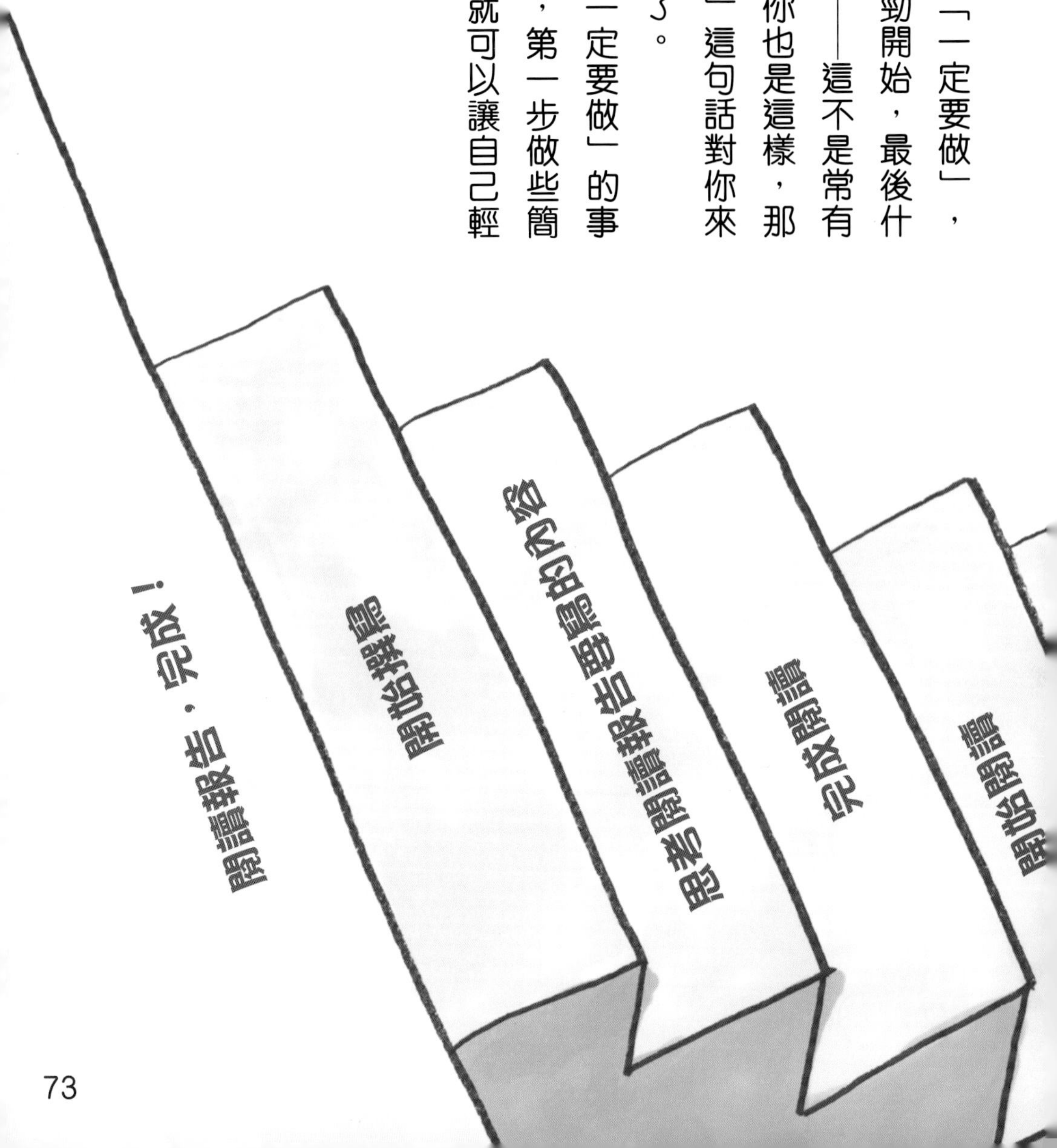

製作努力程度圖表

把要做的事情分為小步驟，每一步的難度都不一樣。難度較低的當然較易達成，但突然遇到難度較高的步驟時，就會變得猶豫和想放棄。

為了避免這種情況，你可以製作一個圖表來顯示每一步的努力程度。製作方法很簡單：先設定每一步需要付出的努力程度，然後記錄在表上。

需要付出的努力越多，成功感便會越大呢！

B
努力程度圖表
下一步的努力程度是2！加油吧！
A

付出的努力越大，就會發覺「原來自己那麼努力」，信心便會越來越大。這份信心是邁出下一步的力量。

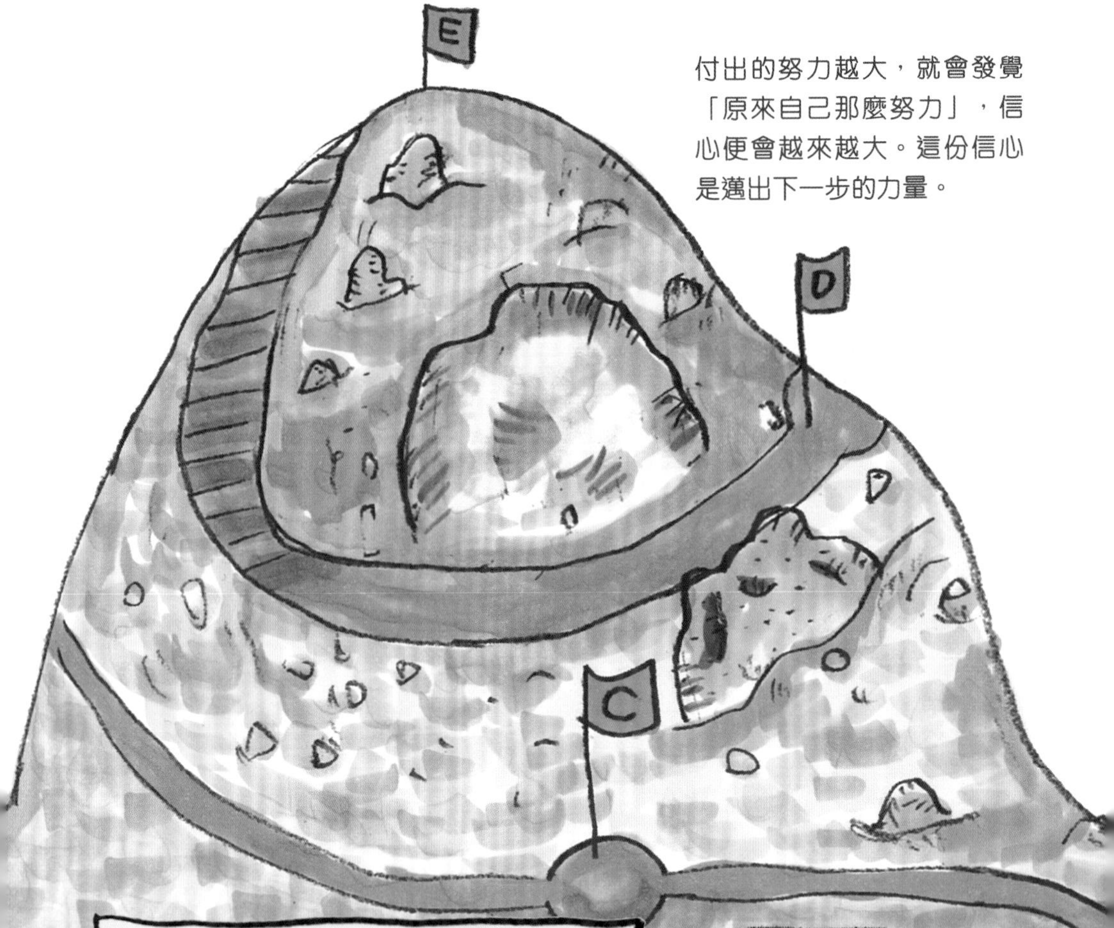

努力程度圖表的製作方法

1. 按着事情的難度，設定需要的努力程度。
2. 製作努力程度圖表。
3. 每完成一個步驟，就在所需的努力程度畫上標記。

※ 在圖表上以塗顏色或貼貼紙來作標記，會更有趣呢。

沒自信小潔設定了陡峭路程的努力程度是 3，平坦路程是 1。

別追求完美，先試試做！

愛拖延烈仔正挑戰拋樽！每當遇到失敗時，他都會汲取經驗，再次鑽研技巧，最後他成功了。

抱持完美地做好每件事的心態是很厲害的。但是，這些人越想做得好，越會說「還未準備好」而不敢踏出第一步，又或是想：「有失誤的話怎麼辦？」結果退縮不前。

這樣看來，其實與「不想做」沒有多大分別呢。

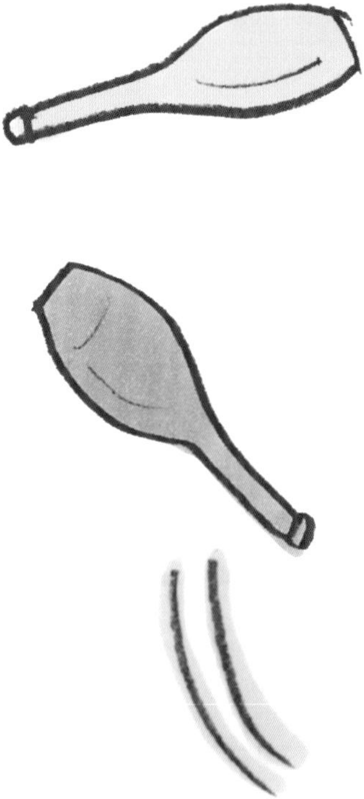

所以最重要的是，就算準備不足，也要先嘗試去做。如果失敗了，就從頭開始。即使失敗也繼續前進，這樣的人會更快達成目標呢！

製作清單，列出要做的事情

事情太多的話，會不知道從哪一樣開始做呢！這時候，我們需要做一張清單來整理一下。

首先，把要做的事情寫在便條貼或筆記本上，然後排列優先次序，並順序列出來。這樣的話，就可以按着清單安心地逐一完成事情。

沒耐性阿健和家人一起去露營，有很多東西要做呢！製作一張待辦事項清單，就能清楚知道現在要做什麼了。

製作清單的秘訣

如果在清單上標示事情已完成，就能帶來「能夠完成」的信心！這是減少怕麻煩的一個秘訣。

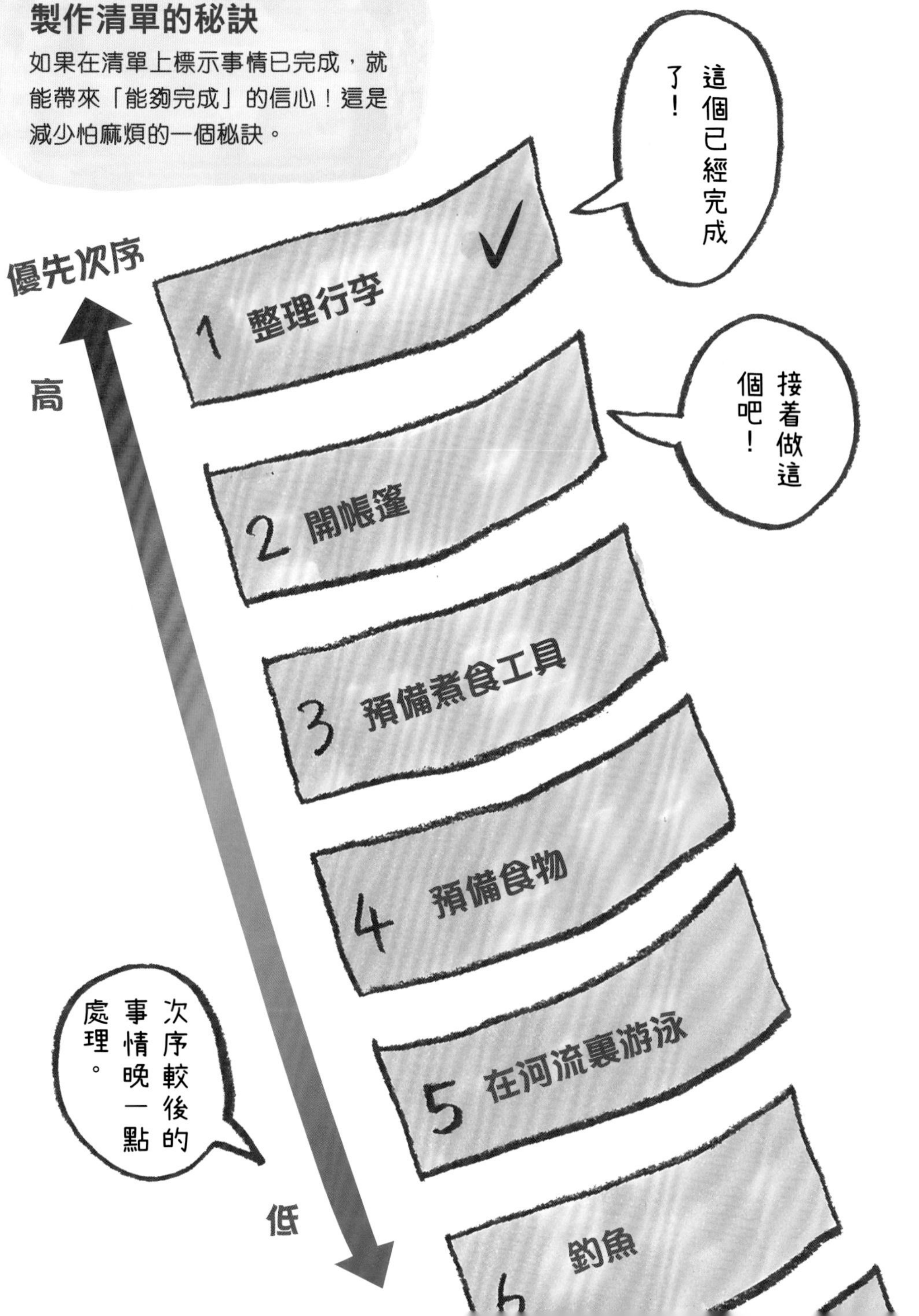
這個已經完成了！
優先次序
高
1 整理行李
接着做這個吧！
2 開帳篷
3 預備煮食工具
4 預備食物
次序較後的事情晚一點處理。
5 在河流裏游泳
低
釣魚
6

在清單上加入時間表

「要做的事情太多了，不夠時間啊！」這個時候，你可以嘗試在清單上加入時間表。

先預計各項事情需要花多少時間完成，然後在紙上畫出時間表，這樣就可以清楚看到完成每件事情的確實時間，不用為「又要做這個，又要做那個」而慌張。知道現在是做某件事的時間，能讓你放下心來，集中精神把想做的事情完成。

若要做的事情未能全部放進時間表內，請放棄或推遲優先次序中位置最低的事情。

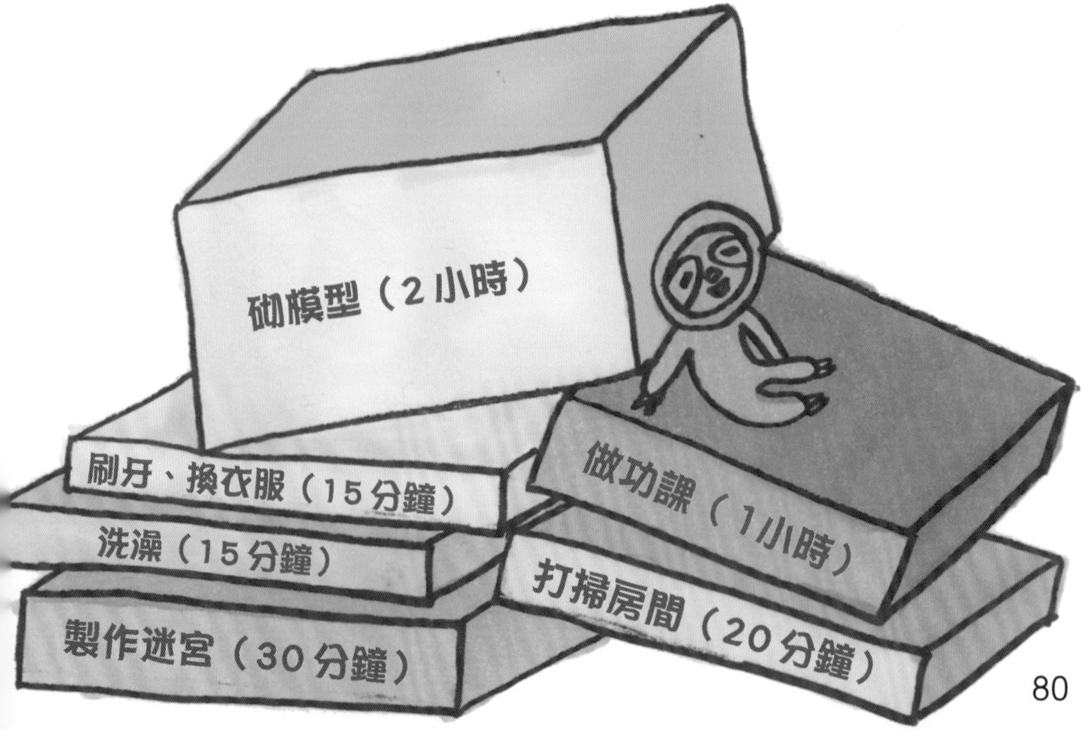
砌模型（2小時）
做功課（1小時）
刷牙、換衣服（15分鐘）
洗澡（15分鐘）
打掃房間（20分鐘）
製作迷宮（30分鐘）

時間表的製作方法

1 在紙上畫出數個長方形，並寫上時間軸。

2 列出要做的事，並預計完成每件事所需的時間。

3 按每件事所劃分的時間，把想做的事情寫在長方形內。

記住把吃飯和學習等一定要做的事情先寫進長方形內。

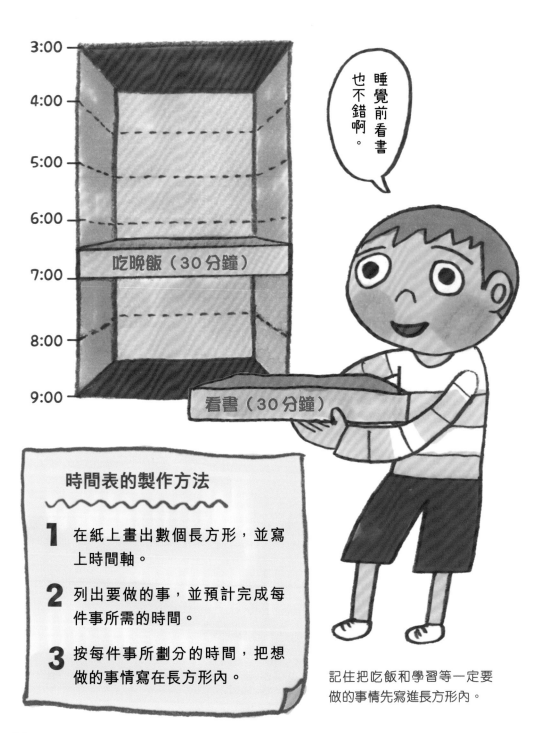

讓心靈休息的方法

如果常常想着「不喜歡」、「不想做」，內心就會變得很糾結，心情也會慢慢消沉下去。這時候，不要再想下去了，試試讓腦袋放空一下吧。

起綽號的秘訣

- 起簡單的綽號。
- 不要太花時間去想，不斷起綽號就對了！

暫停思考煩惱的事情，沒幹勁小愛的內心漸漸開朗起來。

大家來試試「散散步、起綽號」吧。你可以一邊散步，一邊為眼前的事物起綽號。在投入散步和起綽號期間，你的內心可以好好休息，不去想令人煩擾的事情，消沉的心情很快就會恢復過來。

想得越多，越覺得麻煩？

一直想着「一定要做」，最後卻什麼都沒做，懶洋洋地讓時間溜走，這樣實在太浪費時間了。

「跟你說過，行動之前要好好思考啊。」行動前確實需要好好思考，這是很重要的事。但是，一直呆呆地思考，人的內心自然會想着「不會做得好」、「真的做不了」，結果只會向着消極的方向下沉。

時間越長，慢吞吞先生會變得越來越大啊。
真的沒有問題嗎？
唔……

這樣的話，你會越來越覺得麻煩，而且也很難與怕麻煩相處下去。感到麻煩的時候，請你停止思考，趕快行動吧。這是與怕麻煩相處的秘訣之一。

為不想做的事情加添樂趣

沒自信小潔不喜歡早早起牀，但是，如果早餐有櫻桃，起牀這回事就變得讓人期待了。令自己興奮的東西還可以每天變換呢。

因為「不想做」，自然會覺得事情麻煩。那麼，有沒有方法讓自己由不想做變成想做呢？讓我們動腦筋想一想吧！

例如，如果覺得早上要起牀很麻煩，不如預備一些令自己一大清早就開心起來的東西；如果覺得準備晚飯很麻煩，不如在餐單上加入自己喜愛的食物，並跟媽媽學習烹調方法。

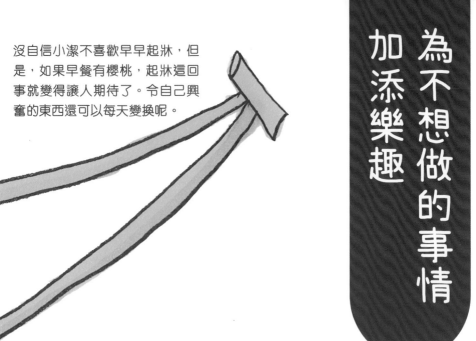

加入樂趣和喜歡的東西，不想做的事馬上會變成想做的事呢。

好好睡覺，讓身體休息

無論下了多少工夫，仍然覺得麻煩，甚至連吃飯、上洗手間都覺得麻煩……這些可能是身體發出的求救信號：再勉強下去的話，身體會支持不住的！

這時候，請不要責怪怕麻煩的自己，應該先讓身體休息。晚上早點鑽進被窩睡覺，這是最好的做法！善待自己的身體是很重要的。

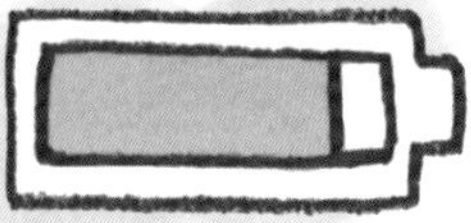

醒來的時候，如果你感到樂觀積極，這就是睡得好的信號。

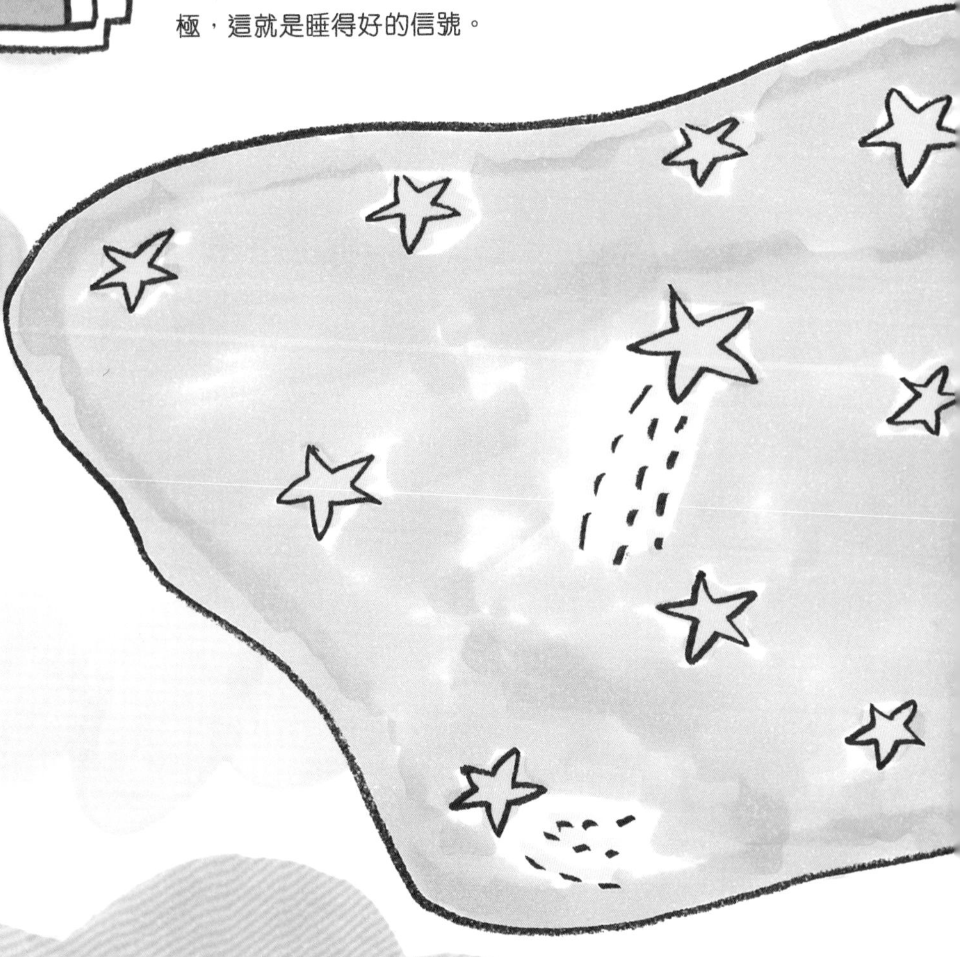

15 分鐘的午睡很有效

如果你覺得很睏，等不及晚上睡覺的時間，可以嘗試午睡 15 分鐘。就算沒有倦意，只要躺下來閉目養神，也能消除疲勞，回復衝勁。

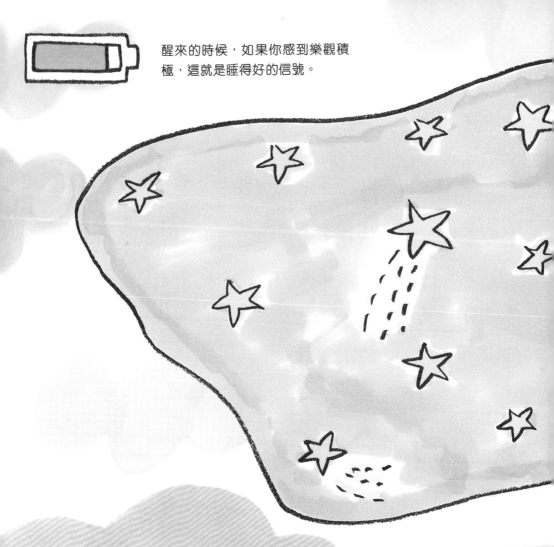

輕鬆一下，讓心靈重新出發！

你可能試過躺下來休息，但沒有太大作用，總覺得什麼都很麻煩。這可能是因為心靈太過疲倦了。

要讓心靈充分休息，最好的方法是出外遊玩！增加身體的運動量，盡量忘記煩擾的事，心靈必定可以好好休息。此外，陽光也能讓人感到精力充沛。

養成運動的習慣，就不會容易
感到疲倦，慢吞吞先生也不會
常常出現。

跟朋友聊天和聽音樂，也
是轉換心情的好方法。

與其做到最好，不如持之以恆

「因為很麻煩，所以想一下子做完就算了。」如果你只是要完成一件瑣事，這種想法還可以；如果你想獲得更大的成就，請緊記持之以恆才會帶來更好的效果。

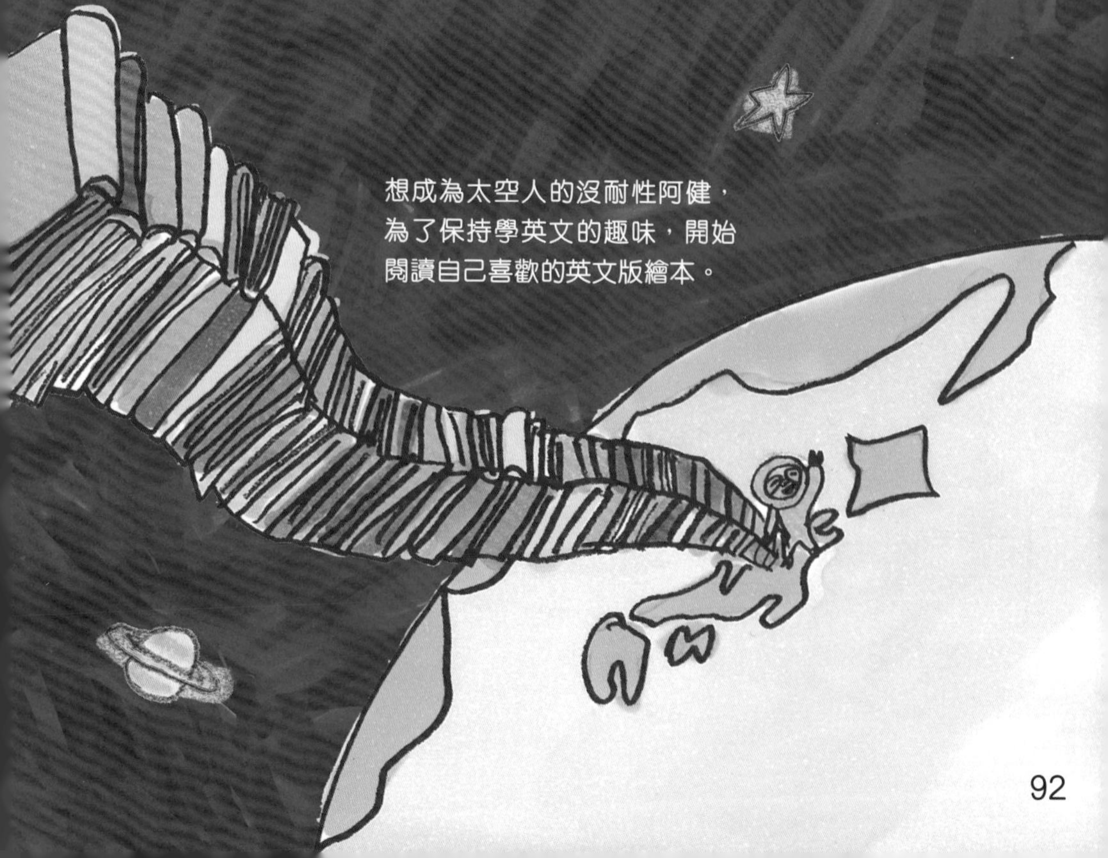

想成為太空人的沒耐性阿健，為了保持學英文的趣味，開始閱讀自己喜歡的英文版繪本。

一下子衝着去做事情，效果其實不大。相比之下，慢慢做才能帶來持續的效果，秘訣是不要太在意結果，要享受過程，這樣就能切實地向目標邁進。

每日花 20 分鐘學英文，1 星期就學了 2 個多小時，1 年就學了超過 100 小時呢！

培養習慣的秘訣

堅持到底是需要耐力的。

但是，你沒有覺得每天吃飯、刷牙等事情是那麼麻煩吧？原因是這些事情已成為你的日常習慣，所以不必想着「一定要做，真麻煩」。

換言之，如果你把要做的事情變成習慣，便可以輕鬆地堅持下去。以下介紹培養習慣的3個步驟。

堅持做某件事1個月，就能培養成習慣，以後不需多加思考，也會自自然然地去做。

❶ 開始

踏出一小步，輕輕鬆鬆地開始吧！即使沒好好完成事情，或失敗了，但只要踏出第一步便可以了。

❷ 堅持

不要在意結果，只需在能力範圍內堅持到底。例如做英文練習時，如果你感到今天沒有衝勁去做，只是完成自己會做的題目也可以的。「這樣的話，我做得到！」建立這樣的信心是很重要的。

❸ 心情舒暢！

「不知不覺間，成果出現了。」這個時刻終於來臨，你必定覺得「太好了」、「真開心」。這樣你自然會更努力。

利用這3個步驟培養習慣，人會漸漸變得有衝勁，成果亦自然而然出現。如果失敗了，重新再來便可以了。來吧，就從今天開始試試！

善待未來的自己

3日後的自己
多虧了你，找衣物容易多了，謝謝！
時光機

「之後就會做啦！」世上總有人把這句話當口頭禪。但是請想一想，這句話的意思，就是把現在要做的工作推給未來的自己。

其實，現在的自己就是未來的自己。你真的相信未來的自己會做嗎？過分期待未來的自己，這樣他會很可憐呢。

「好好對待未來的自己吧！」現在做到的事，現在就去做，這樣可以減少未來的麻煩。

愛拖延烈仔正在整理衣櫃，
遇上了未來的自己！
這是自己的事情，自己最清楚自己想怎麼做。
外套和袋放在一起的話，就能方便搭配。
RIKUTSU
如果下次要用這條手帕，就在這個抽屜裏找吧。

要是只有自己一個人努力，事情可能會辦不好，又或者意志會放鬆下來，這時候你需要借助朋友和家人的力量，讓自己恢復動力。除此之外，身邊的環境也可以推動你前進呢。

第4章
得到別人支持，一定可以成為更好的自己！

讓朋友參與其中！

要是你不能堅持做一件事，又或是沒有信心能完成事情，這時候就讓朋友和家人參與其中吧！如果身邊的人比自己更擅長做某些事情，你可以請他們幫忙；如果一起做事情能為彼此帶來好處，不妨邀請他們一起做。

沒自信小潔有事情想向朋友請教，
她和朋友似乎能互相幫助呢。

可以啊！那麼你可以教
我做蒲公英皇冠嗎？

借助別人的力量，會不會讓你覺得不好意思或很難為情呢？但是，世上沒有一個人能夠獨自完成所有的事情。讓別人參與其中，才能達成遠大的目標，增加同行的伙伴。

你可以對幫助自己的人表達感謝。有一天，你也可以成為幫助別人的人呢！

尋找學習榜樣

每當你想逃避的時候，只要看看朋友正在努力的樣子，自己的心情也會改變，產生「我也努力吧」的想法。人是很容易受到周圍的氣氛和朋友的行為所影響。

尋找讓你覺得「真有型」、「想變成這樣」的學習榜樣，並好好觀察，模仿他們的舉止、想法，你就會不經意地受到影響，越來越接近自己的學習榜樣。

舉手投籃時乾脆俐落，
很帥氣呀！
JETS

哪些地方值得學習呢？
請你細心觀察吧。

收集積極向上的能量

剛才提到「人是很容易受到周圍的氣氛和朋友的行為所影響」，當中有好的影響，也有壞的影響。

所以，請盡量避開你不想學習的對象。詢問別人的意見時，聽取積極的意見，避開消極的意見。選擇令自己積極向上的朋友和事物，就不容易覺得麻煩了。

積極吸收能為自己帶來衝勁的事物。

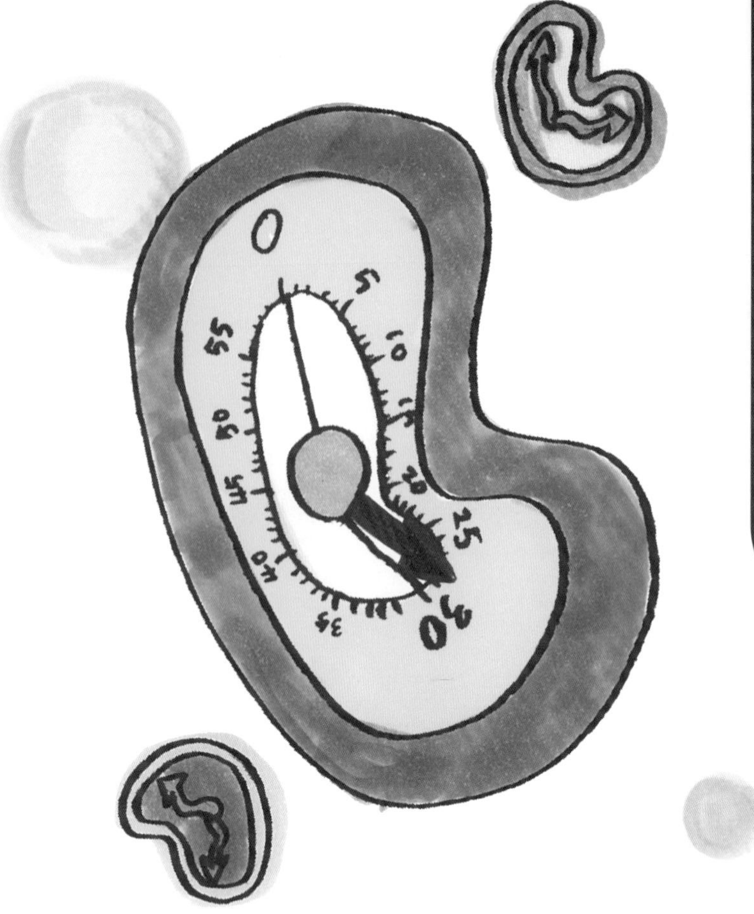

利用計時器來集中精神

有時候你想着手開始，怎料注意力卻分散在其他事情上，結果很難集中精神。遇上這種情況，請嘗試利用計時器吧。

重點是，預先計劃做這件事情需要多少時間，然後設定計時器。開始時，按下計時器便可以了。

時間倒數着，這會產生一股強大的動力，提醒你「快點開始做吧」，人的注意力就會變得集中。

開始的時候，不要想這個、想那個，開始計時吧。如果你擔心未能集中精神，可以設定較短的時間，3 分鐘也可以，首先來試試做。

如果未能在限定時間內完成，也不要緊的！重新設定計時器，再按開始吧。

發表行動宣言！

母親節的禮物由我來做吧！
行動宣言

沒自信小潔向妹妹和爸爸發表「送禮物給媽媽」的計劃和宣言呢！妹妹和爸爸都一起幫助她。

「可以做到嗎？」「我真的可以嗎……」擔心得不能踏出第一步的時候，請鼓起勇氣，嘗試向大家發表「我要做這件事」的宣言。

因為已經說出來了，所以只能努力去做！這樣振奮自己的內心，一定會充滿力量。大家知道你有想做的事情，也一定會支持的。

我也來幫忙吧。
讓爸爸付材料費吧！

即使今次不成功，只要你向家人和朋友說出事實，他們一定會繼續支持你的。

整理眼前的事物

沒耐性阿健把電視遙控器放進抽屜裏，並準備好要閱讀的圖書。

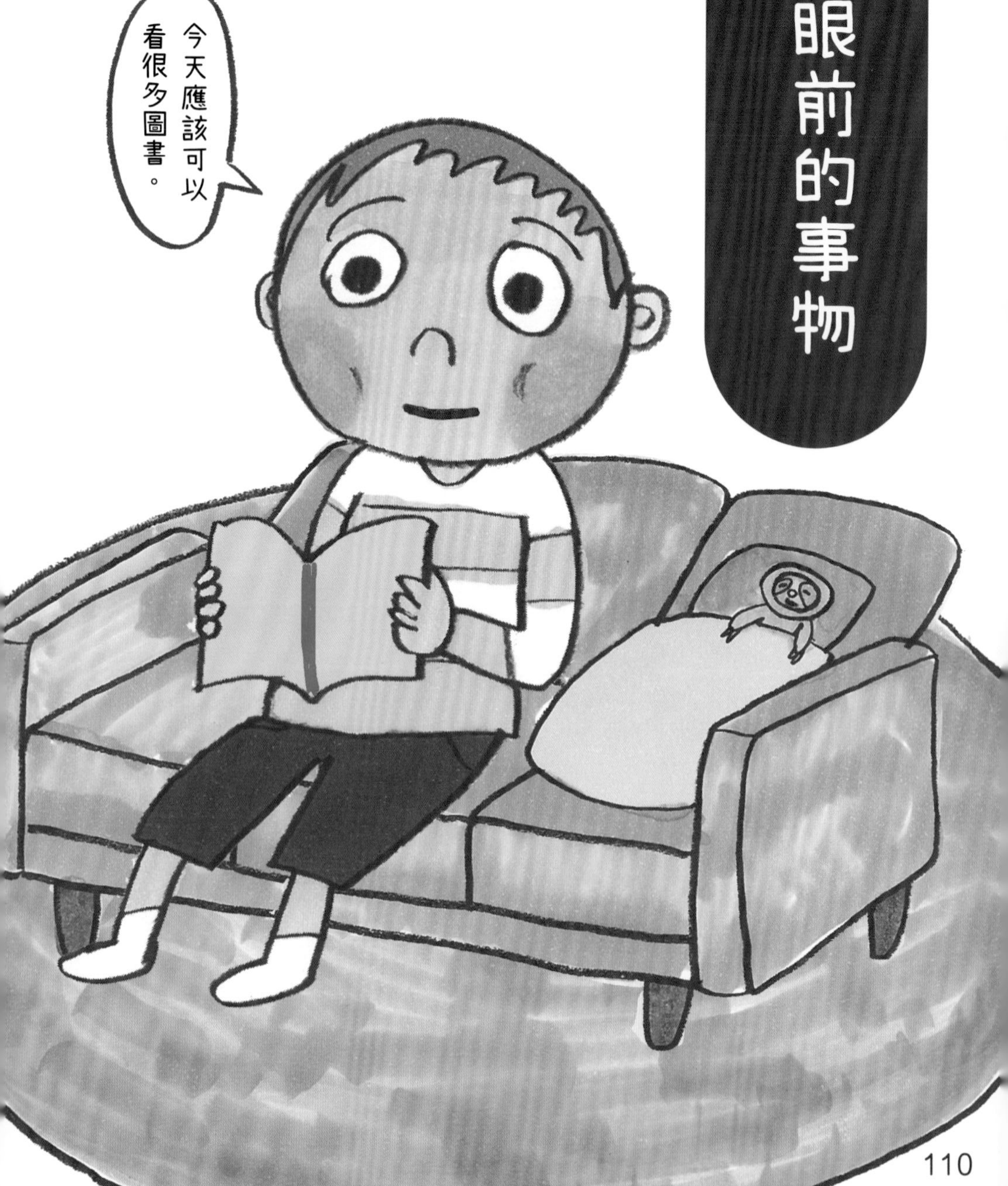
今天應該可以看很多圖書。

在回家之前，原本沒有打算看電視的，怎料一不留神，自己竟然懶洋洋地坐在電視機前……怎麼會這樣呢？

其實，人的心情是很容易受到眼前的事物所影響。所以，一看到電視遙控器，就會想按開關掣；一開始看電視，就停不下來了。

這樣的話，不如反過來利用這個特性吧！收藏好電視遙控器，想想要做的事情，預先把東西放在視線範圍內，只需要做這個簡單動作便可以了！

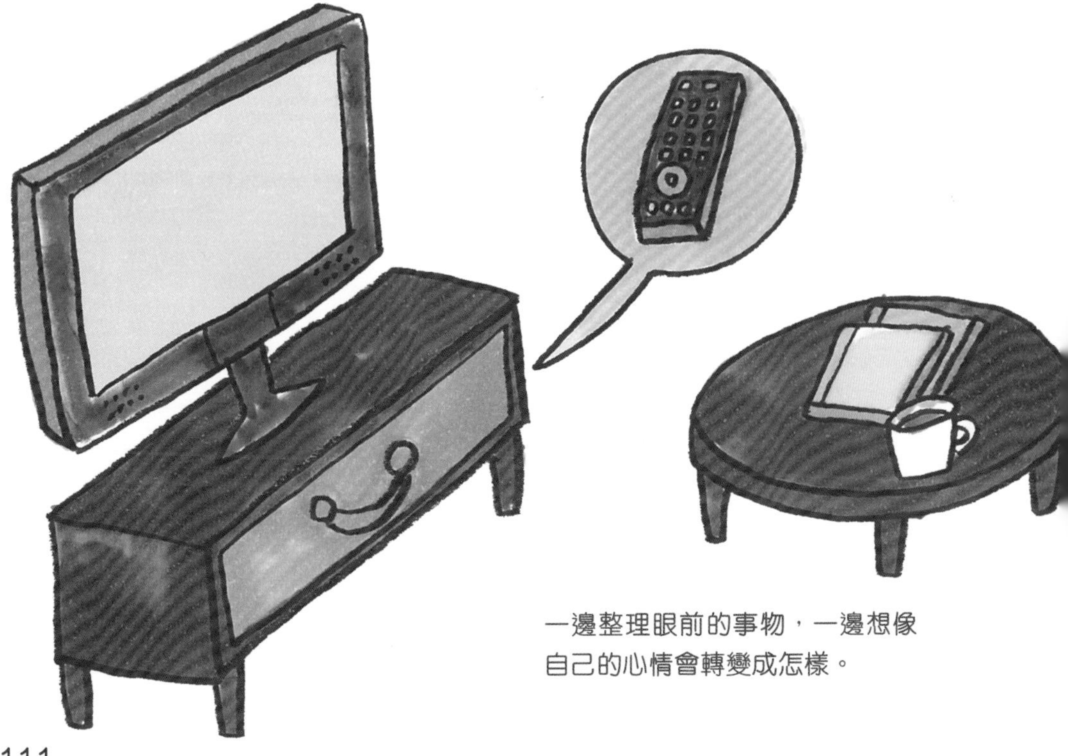

一邊整理眼前的事物，一邊想像自己的心情會轉變成怎樣。

準備材料和用品

難以轉換心情的時候，又或是提不起勁的時候，你可以先預備一下要做的事所需的材料和用品。

無論是做飯、做功課、外出，只需預備好要用的物品便可以了，一點都不麻煩。如果你還是覺得麻煩，就把要用的物品寫在紙上吧。當眼前放好要用的材料和用品，人自然會提起勁去做事。

愛拖延烈仔打算煮咖喱。雖然一開始他覺得有點麻煩，
但做着準備的時候，就樂在其中了！

要做飯的話，就站在廚房裏；
要溫習的話，就坐在桌子前。
只要做這些準備動作，心情就
會不可思議地轉換過來。

只要預先準備好，
就會提起興趣了！

嘗試坦白地說不

成為偶像
我們一起參加偶像比賽，好嗎？

怕麻煩的原因，若不是源於「自己想做」的事情，而是因為要「完成別人的期望」，那麼請你停一停、想一想，說不定乾脆拒絕會更好呢。

就算你拒絕，只要坦白地告知原因，例如「因為這個原因，我不感興趣」，又或是「我較擅長做這個」，那麼對方應該會明白的。

減少自己不想做的事情，也是
跟怕麻煩相處的方法之一。

利用自己的性格吸引朋友

如果身邊沒有理解自己性格和興趣的人，你可能很難努力完成麻煩的事情。這個時候，請你再努力一下吧！

我們發現身邊有志同道合的人，就會想跟他們成為朋友。如果你能保持自己的性格和興趣，一定可以吸引身邊的人成為朋友的。

當身邊支持你的朋友越來越多，你做事便容易貫徹始終，也能創造出舒適的環境和氣氛。

沒自信小潔孜孜不倦地收
集樹葉，找到了很多志同
道合的朋友。繼續努力
吧！以後做事情的幹勁會
越來越強大呢。

大家已經學會了很多吧！那麼，你的慢吞吞先生現在怎麼樣呢？已經走開了？還是縮小了？

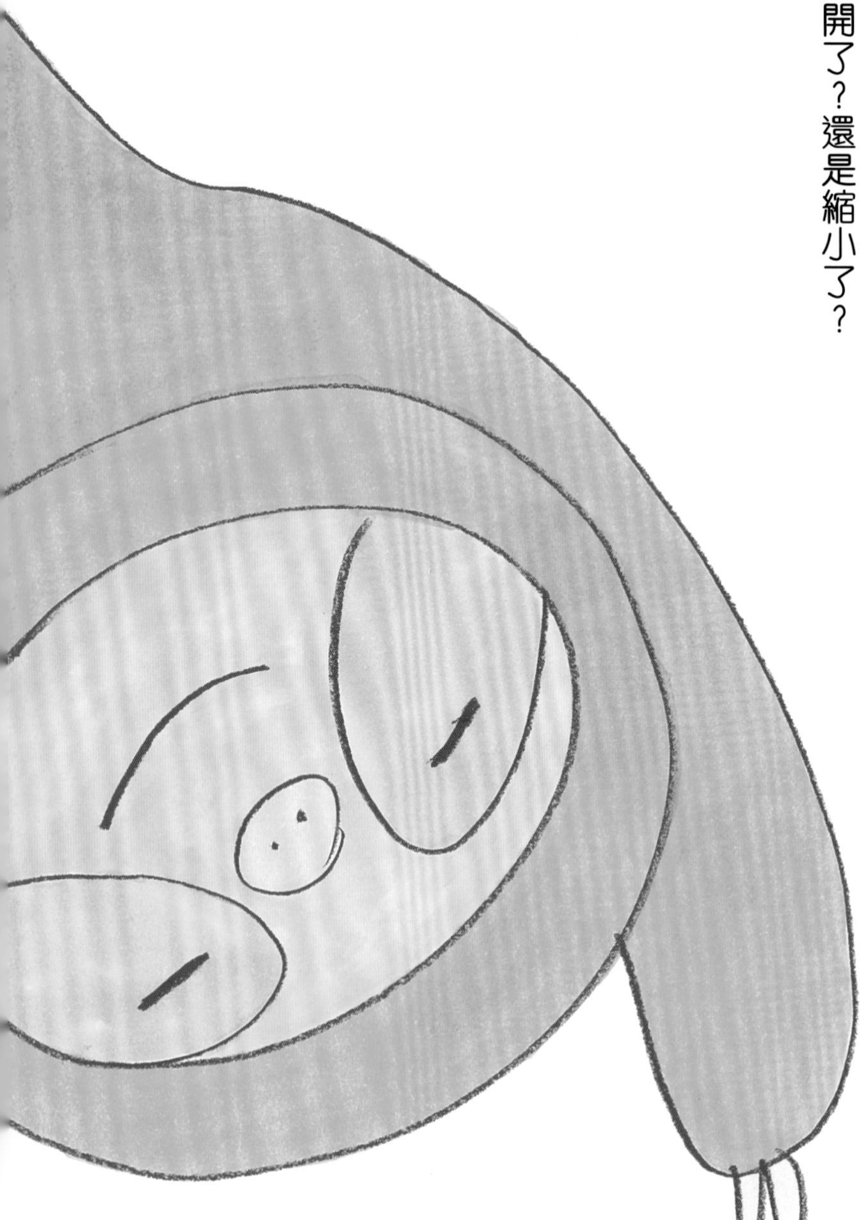

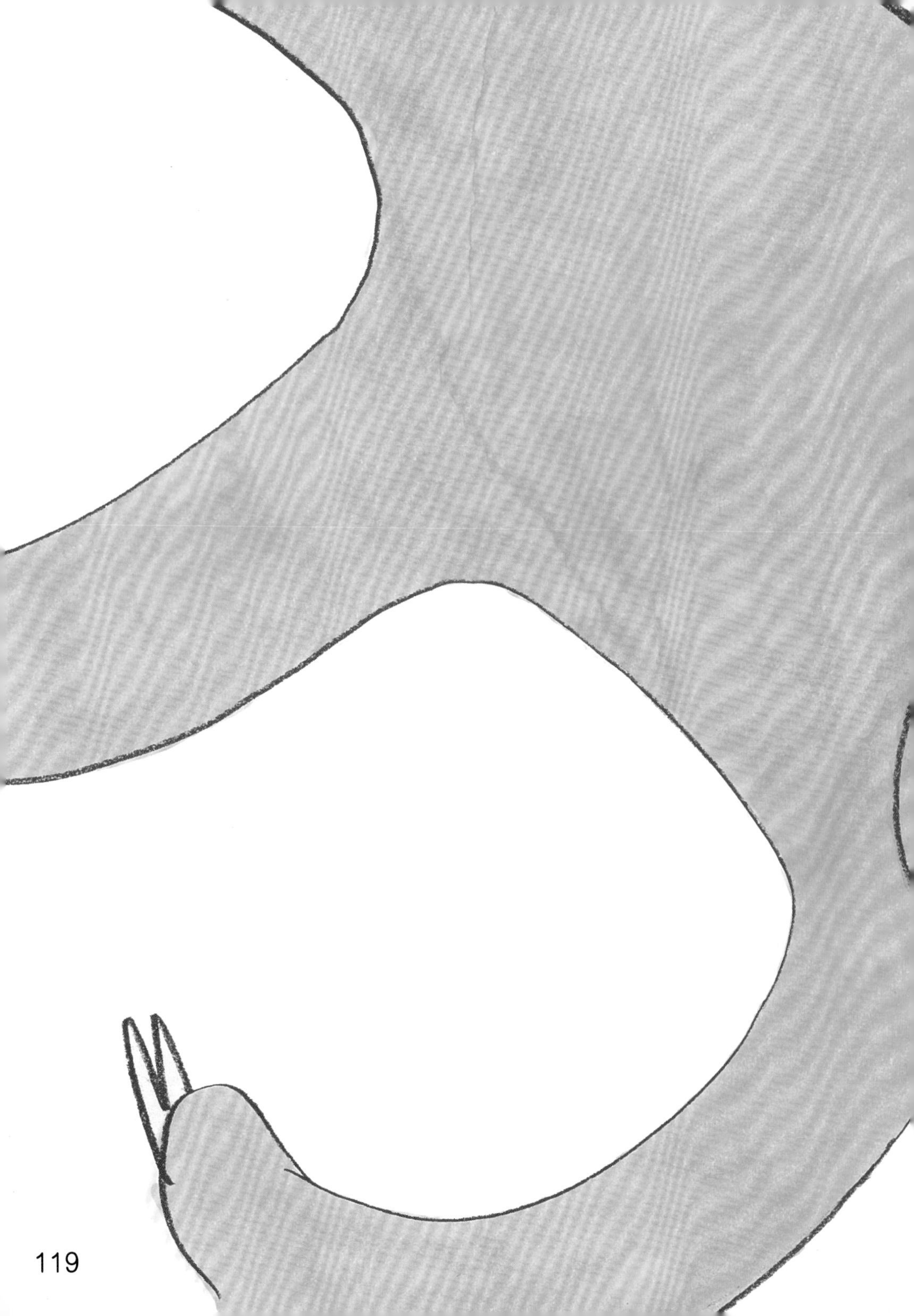

當然，失敗是常有的事。細心留意的話，你可能會發現慢吞吞先生的體形變得越來越大，讓你動也不能動。

唉，今天又沒去集訓。
足球小子
足球小子

不過，失敗乃成功之母！如果你不放棄，不斷努力踏出新一步，一定能找到與慢吞吞先生相處的秘訣呢。

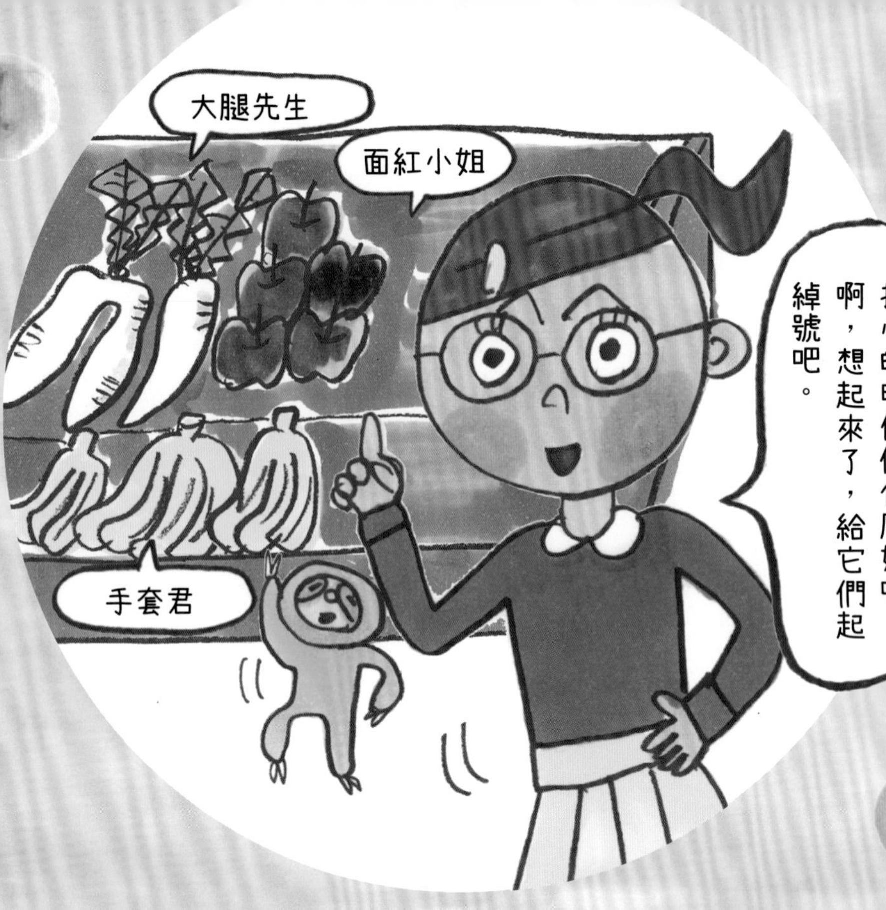
擔心的時候做什麼好呢？啊，想起來了，給它們起綽號吧。
大腿先生
面紅小姐
手套君

看，大家似乎都找到適合自己的秘訣了。

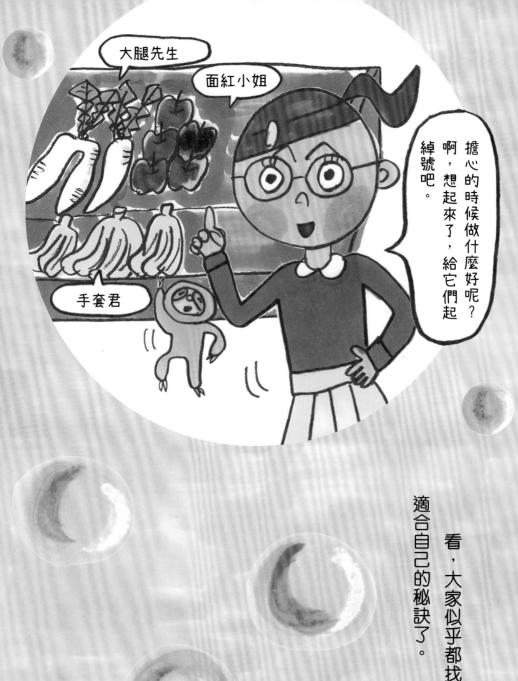

「馬上就做完啦！」
「做完了！」
說過這些話的小朋友，
必定會帶着自信，達成遠大
的目標。

快把怕麻煩的習慣改掉！
看完了！下次看更厚的書吧！

「快要完成、必定完成！」有了這份信心，你必定會進步的。慢吞吞先生也會在你身邊的某一個角落靜靜地守護你。

明天我要6時起牀！
那麼，媽媽明天早上做熱香餅，給你鼓勵！
不想太多了，行動吧！

黃金地產
麻煩書店
決定了，下次看這一本書！
麻煩書店
長篇夢幻小說
上
下
現正發售！
今天去集訓吧！

後記

跟怕麻煩相處的方法，你是不是已經學會呢？覺得怎麼樣？

「看完這本書後，我覺得自己成長了一點。」如果你是這樣回答，請你好好保持現在建立了的信心，努力向前吧！就算失敗，也可以繼續嘗試，勇敢面對挑戰。

「我沒有什麼改變呢。」「我還未找到適合自己的方法。」如果你是這樣回答，不要緊！因為你已經下定決心閱讀這本書，而且還讀完了，這是一件需要勇氣的事，你已經很棒了！

你能夠讀完這本書，正因為你抱有「想做不怕麻煩的人」的想法，而且沒有害怕面對內心那個「怕麻煩的自己」。所以，請你繼續保持現在的自己，同時不斷翻閱這本書，嘗試不同的方法，這樣必定能找到適合自己的方向。

我立志做一個充滿熱情和幹勁的自己，現在仍繼續尋找跟慢吞吞先生更好地相處的方法。幸好一直以來我都不斷付出努力，所以相比小時候的自己，我已跟慢吞吞先生成為了好朋友。

請大家也耐心地擦亮自己吧，你已經踏上路途，向着全新的你邁進了。

名越康文

正向性格修煉術

快把怕麻煩的習慣改掉！

編　　著：名越康文
翻　　譯：謝潔欣
責任編輯：陳志倩
美術設計：鄭雅玲
出　　版：新雅文化事業有限公司
香港英皇道 499 號北角工業大廈 18 樓
電話：(852) 2138 7998
傳真：(852) 2597 4003
網址：http://www.sunya.com.hk
電郵：marketing@sunya.com.hk
發　　行：香港聯合書刊物流有限公司
香港荃灣德士古道 220-248 號荃灣工業中心 16 樓
電話：(852) 2150 2100
傳真：(852) 2407 3062
電郵：info@suplogistics.com.hk
印　　刷：中華商務彩色印刷有限公司
香港新界大埔汀麗路 36 號
版　　次：二〇二〇年十二月初版

ISBN: 978-962-08-7622-6
Translated from SOTSUGYOSHIYO! MENDOKUSAGARI（卒業しよう！めんどくさがり）supervised by Yasufumi Nakoshi

Original Japanese edition is published in 2017 by Nihon Tosho Center Co., Ltd.
This Traditional Chinese edition is published by arrangement with Nihon Tosho Center Co., Ltd., Tokyo in care of Tuttle-Mori Agency, Inc., Tokyo through Inbooker Cultural Development (Beijing) Co., Ltd., Beijing

18/F, North Point Industrial Building, 499 King's Road, Hong Kong
Published in Hong Kong
Printed in China